DAS SUPPEN-KOCHBUCH

JOSY NUSSBAUMER

DAS
SUPPEN
KOCHBUCH

MIDENA

Die Deutsche Bibliothek – CIP-Einheitsaufnahme

Nussbaumer, Josy:
Das Suppen-Kochbuch / Josy Nussbaumer [Foodbilder: Evelyn
und Hans-Peter König]. – Küttigen/Aarau : Midena, 1997
  ISBN 3-310-00296-9

(früher: Suppen – frisch zubereitet – den Jahreszeiten angepaßt; ISBN 3-310-00150-4)

Alleinvertrieb für Deutschland:
WELTBILD VERLAG GmbH
Steinerne Furt 68–70, 86167 Augsburg

© 1997 – MIDENA VERLAG GmbH,
CH-5024 KÜTTIGEN/AARAU

Gestaltung Umschlag: Dora Hirter, Birrwil
Foodbilder: Evelyn und Hans-Peter König, Zürich
Aromatische Spargelcreme (34) und Kalte grüne Spargelcreme (38) aus Kodratowicz/
Das neue Spargel-Kochbuch; Gurkensuppe (Seite 60) aus Ilies/Vögeli/Geliebte Sommer-
küche; Indische Erbsensuppe (65) aus Bänziger/Baule/Kochen mit den Fünf Elementen;
Kastaniencreme mit Majoran aus Bänziger/Das Kastanien-Kochbuch; Kürbiscreme
(nur Bild) aus Walther/Bänziger/Das Kürbis-Kochbuch; sämtliche Fotos Evelyn und
Hans-Peter König
Satz: Kneuss Satz AG, Lenzburg
Fotolithos: Litho 2000 AG, Basel
Druck und Bindung: Neue Stalling, Oldenburg

ISBN 3-310-00296-9

INHALT

INHALT

INHALT

Abkürzungen

EL   = Eßlöffel

TL   = Teelöffel

dl   = Deziliter

ml   = Milliliter

Msp = Messerspitze

Wo nicht anders vermerkt, sind die Rezepte für 4 Personen berechnet.

VORWORT

Ein gutes Essen in angenehmer Runde
ohne die feine Suppe als Vorspeise kann man sich
einfach nicht mehr vorstellen. Wer schwärmt nicht
von diesen frisch duftenden Köstlichkeiten, bei denen
man schon nach dem ersten Löffel die Gewißheit hat,
daß es sich dabei nur um eine selbstgemachte,
aus frischen Produkten zubereitete Suppe handeln kann.
Die Suppe stimmt die Hungrigen friedlich und schenkt
den Ungeduldigen die notwendige Gelassenheit,
sich auf ein feines Mahl einzustellen.

Frisch zubereitete Suppen haben das ganze Jahr Saison.
Weshalb den Lauf der Jahreszeiten nicht auch
mit Suppen erleben? So kann der Frühling
zum Beispiel mit einer zarten Spinat- oder
Brennesselcreme eingeläutet werden. Den Sommer
erleben wir mit einer feurigen Suppe aus sonnengereiften
Tomaten. Wenn die Kürbissuppe auf den Tisch kommt,
hat der Herbst schon seinen Einzug gehalten,
und auch der Winter ist schon einige Wochen alt,
wenn uns die Sauerkrautsuppe
mit reichlich Vitaminen versorgt.

Frischgemüse, im reifen Zustand geerntet und auf dem
kürzesten Weg vom Bauern zum Verbraucher gebracht,
hat nicht nur mehr Geschmack, sondern auch mehr
Nährstoffe und Vitamine. Der herrlich frische Geschmack
der Zutaten ist es denn auch, welcher unsere Suppen
so unwiderstehlich macht.

Es gibt viele Anlässe, Familie und Gäste mit einer frisch
zubereiteten Suppe zu überraschen.
Dieses kleine Kochbuch will Ihnen dabei helfen.

KLEINES SUPPEN-ABC

Binden

Wurzelgemüse (z.B. Knollensellerie, Möhren/Karotten, rote Beten/Randen usw.) und auch viele Kohlarten (Kohlrabi, Blumenkohl) haben reichlich eigene Stärke; das Binden einer Cremesuppe mit Mehl erübrigt sich.

Suppen aus Blattgemüse und schwach stärkehaltigem Gemüse können wir durch Zugabe von Kartoffeln binden. Es bietet sich auch die Möglichkeit, die Creme mit einem Gemisch aus Eigelb und Sahne zu binden. Dafür die heiße Creme unter stetem Rühren zum Eigelb-Sahne-Gemisch geben. Die Suppe muß noch einmal erhitzt werden, sie darf aber keinesfalls mehr kochen. Und sollte die Suppe dennoch einmal zu dünn sein, läßt sie sich mit wenig Pfeilwurzelmehl (in wenig kaltem Wasser auflösen) binden.

Brunoise
(Kleine Gemüsewürfelchen)

Vorgehen (Beispiel Kohlrabi): Knolle schälen, halbieren und mit der Schnittfläche nach unten auf ein Schneidebrett legen. Mit einem gut schneidenden Messer möglichst feine Scheiben schneiden (zirka 1,5 mm). Ein paar Scheiben aufeinanderlegen und Stäbchen (zündholzdick) schneiden. Stäbchen zu kleinen Büscheln zusammenfassen. Diese in kleinste Würfelchen (1,5–2 mm) schneiden. Wenn sie noch nicht fein genug sind, mit dem Messer hacken.

Consommé

Topfinhalt durch ein Mulltuch/Passiertuch (im Handel erhältlich) gießen.

Maßeinheiten

1 EL = 1 gestrichener Eßlöffel

1 KL = 1 gestrichener Kaffeelöffel

1 TL = 1 gestrichener Teelöffel

1 dl = 1 Deziliter

1 ml = 1 Milliliter

Menge

Wo nicht anders vermerkt, sind die Rezepte für 4 Personen berechnet.

Passieren

Cremesuppen: Pürierte Flüssigkeit durch ein Sieb streichen. Ideal für diesen Arbeitsgang ist ein Spitzsieb aus Chromstahl, erhältlich in guten Haushaltgeschäften. Die Masse mit einem flachen Holzkochlöffel oder einem Teigschaber durch das Sieb pressen. Zurück bleiben Häutchen, Kerne, Stielansätze, grobe Fasern usw.

Pürieren

Im Mixerglas oder mit dem Stabmixer möglichst fein zerkleinern. Wer weder über ein Mixerglas noch einen Stabmixer verfügt, nimmt das Passetout/Passevite.

Schlagsahne/Rahm

Mit der Sahne sparsam umgehen. Sie verfälscht das Gemüsearoma und hinterläßt bei größerer Menge einen milchigen Geschmack.

Rustikale Suppe

Jede Cremesuppe kann rustikal zubereitet werden, d. h. wir pürieren und passieren die Suppe nicht. Gemüse in diesem Fall gleichmäßig klein schneiden. Stielansätze, Häute (Tomaten, Gemüsepaprika/Peperoni) vor dem Dünsten entfernen.

Schalotten

Anstelle der Schalotten können auch Zwiebeln verwendet werden. Schalotten entwickeln allerdings beim Erhitzen einen feineren Geschmack.

Würzen

Mit Meersalz sparsam umgehen. Erst vor dem Anrichten würzen. Durch das Kochen und Einreduzieren wird die Suppe immer kräftiger (salziger).

KLEINES GEMÜSE-ABC

Avocado

Die Avocado ist die Steinfrucht eines immergrünen Lorbeergewächses. Die Baumfrucht ist je nach Sorte birnen- oder apfelförmig, hell- oder dunkelgrün, auberginenfarben bis fast schwarz. Angebaut wird der immergrüne Baum in Zentral- und Südamerika, in den USA, in Mexiko, Israel, Afrika, Indonesien und auf den Kanarischen Inseln. Auffallend an der butterzarten Frucht ist der große Stein. Er kann bis 25% des Gesamtgewichts ausmachen.

Keine andere Frucht und kein Gemüse ist fettreicher als die Avocado. Das pflanzliche Fett (11 bis 23%) ist leicht und bekömmlich. Nebst Wasser (69 bis 79%) enthält die Frucht Kohlenhydrate, Eiweiß und Ballaststoffe. Sie hat einen extrem hohen Anteil an Kalium, viel Magnesium und Vitamin B.

Die Avocado sollte nur roh gegessen werden. Das Fruchtfleisch eignet sich für kalte Suppen, als Brotaufstrich, für Cremen, Saucen und Desserts. Avocadowürfelchen passen auch sehr gut in Körnergerichte (Hirse, Quinoa usw.)

Bärlauch

Im Frühling ist der Bärlauch eine der ersten Grünpflanzen, die wir in Laub-, Buchen- und Auenwäldern, in Parkanlagen und unter Büschen pflücken können. Erntezeit ist je nach Standort März bis Juni. Der Bärlauch liebt einen nährstoffreichen, lockeren, vom Grundwasser durchzogenen, humusreichen Lehmboden.

Der Bärlauch ist ein Zwiebelgewächs. Er ist mit dem kultivierten Knoblauch artverwandt. Die Pflanze, auch wilde Knofe, Hexen- oder Zigeunerzwiebel genannt, wird 15 bis 30 cm hoch. Das Bärlauchblatt ist dem Maiglöckchenblatt zum Verwechseln ähnlich. Das Maiglöckchenblatt ist jedoch giftig. Beim Pflücken ist also Vorsicht am Platz: Wenn wir ein Bärlauchblatt zwischen den Fingern verreiben, steigt

uns der knoblauchähnliche Duft sofort in die Nase. Das Maiglöckchenblatt ist geruchlos.

Neben der Verwendung in der Küche soll das Blatt bei Bluthochdruck und Frühjahrsmüdigkeit helfen.

Blumenkohl

Der Blumenkohl, auch Karfiol genannt, gehört zur Familie der Kreuzblütler. Angebaut wurde er zuerst, wie übrigens die meisten Kohlarten, in Italien, und das vor gut 400 Jahren.

Der Blumenkohl liebt nährstoffreichen Boden und muß regelmäßig mit Wasser begossen werden. Große Hitze ist dem Blütenstand nicht zuträglich, weshalb die Ernten für den Frühsommer und Spätherbst geplant werden müssen.

Der Blumenkohl ist eines der wenigen Gemüse, bei denen Blütenstand und Blüte gegessen werden. Er ist das bekannteste und beliebteste Kohlgemüse. Der guten Verdaulichkeit wegen wird er auch in der Diätküche gerne verwendet. Der Blumenkohl ist reich an Vitamin C und Kalzium.

Bohne

Die Bohnen gehören zur Familie der Hülsenfrüchte. Außer der Puffbohne, die höchstwahrscheinlich im Orient beheimatet ist, stammen alle Bohnenarten aus Mittel- und Südamerika. Groß ist die Auswahl an Sorten, von denen die bei uns bekanntesten erwähnt seien:

– Buschbohne, auch Gartenbohne genannt

– Feuerbohne, auch unter der Bezeichnung Prunkbohne, Maibohne oder Käferbohne bekannt

– Stangenbohne

– Puffbohne, auch dicke Bohne, Pferdebohne oder Saubohne genannt

– Sojabohne

– Auskernbohne

Die Bohne ist weltweit eine der wichtigsten Kulturpflanzen. Für manche Völker ist sie der wichtigste Eiweißlieferant. Nebst großem Eiweißgehalt sind die Bohnen reich an Vitamin A, B und C sowie Mineralstoffen und Spurenelementen.

Bohnen dürfen nur gekocht gegessen werden, da sie in rohem Zustand das giftige Phasin enthalten, das zu folgenschweren Magenverstimmungen und -vergiftungen führen kann.

EINFÜHRUNG

siver in dieser Beziehung ist die kleine Brennessel, hat sie doch ein Vielfaches an Brennhaaren. Der brennende Schmerz wird von einer in den glasartig spröden Haaren enthaltenen Flüssigkeit ausgelöst.

Nebst der einen negativen Eigenschaft hat die Brennessel viele Vorzüge. Sie ist ein exzellentes Wildgemüse, ein Suppenbasiskraut und eine vielseitige Heilpflanze. Man braucht sie bei Erkrankung der Harnwege, bei Neigung zu Nierensteinen, zur Blutreinigung, zur Entschlackung, zur Linderung von Rheuma und Gicht usw. Aus den Brennesselsamen läßt sich ein Tee aufgießen, der bei stillenden Müttern die Milchbildung fördert.

Brokkoli

Der Brokkoli, auch Sprossenkohl oder Spargelkohl genannt, gehört zur Familie der Kreuzblütler. Es mag etwas erstaunen, daß der Brokkoli im Stammbaum der Kohlfamilie vor dem Blumenkohl rangiert. Aber der Brokkoli, der seine Wurzeln in Kleinasien und in den Mittelmeerländern hat, wurde bei uns erst durch die italienischen Gastarbeiter richtig populär.

Wie beim Blumenkohl essen wir auch beim Brokkoli Blütenstand und Blumen. Vom Geschmack her ist man eher geneigt, ihn beim Grünspargel als beim Kohl anzusiedeln. Der Brokkoli ist reich an Vitamin C, Karotin und Mineralstoffen.

Brennessel

Die Brennessel gedeiht um Haus und Hof, im Wald und auf dem Feld, auf der ganzen Erde bis in eine Höhe von 2500 m. Wir kennen die große und kleine Brennessel, die erste ist mehrjährig, die zweite einjährig. Erntezeit der Blätter ist je nach Region Mitte April bis Juni.

Ein jeder von uns hat sicher schon einmal Kontakt mit der Brennessel gehabt und einen unangenehmen Hautausschlag davongetragen. Viel aggres-

Federkohl

siehe Grünkohl

Fenchel

Die Fenchelknolle ist ein Doldenblütler, der in den Mittelmeerländern schon im Mittelalter kultiviert wurde. In unseren Breitengraden fand er erst Mitte dieses Jahrhunderts Eingang in die Küche. Der feldmäßige Anbau ist bei uns eher problematisch, weshalb man den Bedarf mit Importen aus Italien, Frankreich und Nordafrika deckt.

Der Knollenfenchel zeichnet sich – vor allem roh genossen – durch ein typisch anisartiges Aroma aus. Er ist reich an Vitamin C und E und verschiedenen Mineralstoffen. Fenchel ist leicht verdaulich und wird deshalb in der Diätküche gerne verwendet.

Nebst der Knolle samt Blatt und Stengel finden auch die Samen Verwendung. Sie werden als Tee aufgegossen, der innerlich wie äußerlich Linderung und Wohlbehagen verschafft: Augenkompressen bei Entzündungen, Gesichtsdampfbäder und Vollbäder zur Tiefenreinigung, Tee bei Verdauungsproblemen und Verstopfung usw.

Gurke

Bereits einige tausend Jahre v. Chr. sollen in Indien Gurken verzehrt worden sein. Es dauerte dann geraume Zeit, bis sie im heutigen Europa Fuß fassen konnten. Wir kennen bei uns folgende Gurkensorten:

- Die Haus- oder Schlangengurke, die das ganze Jahr aus Gewächshäusern kommt. Es handelt sich, wie der Name sagt, um eine gleichmäßig schlanke Gurke mit gleichmäßiger, fein strukturierter Schale. Sie hat einen wenig ausgeprägten Geschmack.

- Die Salatgurke, die im Freien wächst. Die Frucht ist eher rundlich und hat eine leicht stachelige Schale. Salatgurken haben einen ausgeprägten Gurkengeschmack.

- Die Gewürzgurken, respektive Cornichongurken, die hauptsächlich konserviert werden.

- Die Nostranogurke, die ebenfalls im Freien gezogen wird. Bei dieser Gurke ist der Kernenanteil sehr groß, weshalb sie sich ausgehöhlt sehr gut zum Füllen und Kochen eignet.

Die Gurke ist ein Kürbisgewächs. Sie ist äußerst kalorienarm, reich an Vitamin A und C sowie an Mineralstoffen.

Karotte/Möhre

Die Möhre/Karotte gehört in die Familie der Doldenblütler. Wo sie nicht kultiviert wächst, kommt sie wild vor, so z. B. in Australien, Neuseeland usw. Wir kennen folgende Möhren-/Karottenarten:

- Möhre/Karotte: halblange Wurzel mit orangeroter Haut

- Gelbe Rübe/Feldrüebli, vielerorts auch Pfälzer genannt. Die Wurzel ist lang und von gelblicher Farbe.

- Pariser Karotte: runde, kleine Karotte. Wie ihr Name bereits verrät, wurde sie in der Gegend von Paris gezüchtet.

Die Möhre/Karotte wurde bis ins 10. Jahrhundert ausschließlich als Heilpflanze verwendet. Erst später hat man sie als Nahrungsmittel gezogen. Die Möhre/Karotte besitzt einen hohen Nährwert. Sie ist reich an Karotin, das vom Körper in Vitamin A umgewandelt wird.

Möhren/Karotten können den ganzen Sommer bis in den Herbst frisch konsumiert werden. Die übrige Zeit sind sie als Lagergemüse erhältlich.

Kohlrabi

Über die genaue Herkunft und die Kultivierung des Kohlrabi ist wenig bekannt. Man nimmt aber an, daß er der sogenannte pompejanische Kohl der alten Römer war. Seit Beginn des 19. Jahrhunderts wird die Knolle bei uns großflächig angebaut.

Es gibt grünliche, weiße, kräftig grüne, blau-violette, flachrundliche, rundliche, längliche, blattreiche und blattarme Sorten. Auf den Geschmack haben diese Unterschiede keinen Einfluß.

Die Kohlrabi sind reich an Vitamin C und Mineralstoffen. Man sollte aus diesem Grunde die Kohlrabi vermehrt roh essen. Noch vitamin- und nährstoffreicher sind die zarten Blätter, die man entweder mit der Knolle kochen oder als Spinat zubereiten kann.

Kopfsalat, Buttersalat, Häuptelsalat

Der Kopfsalat ist ein Korbblütler und leitet sich wie die übrigen Gartensalate vermutlich vom wilden Lattich ab, der eine Steppenpflanze Südeuropas ist. Sein Anbau geht bis zu den alten Römern zurück. Kultiviert, so wie wir ihn kennen, ist er seit dem 16. Jahrhundert. Durch jahrhundertelange natürliche Auslese hat er sich aus einer Stengelpflanze entwickelt.

Der Kopfsalat ist in Europa und Südamerika der meistkonsumierte Salat. Je nach Jahreszeit und Wetter dauert es von der Aussaat bis zur Ernte 8 bis 10 Wochen. Will man im eigenen Garten ohne Unterbruch ernten, muß man im Abstand von 2 bis 3 Wochen Jungpflanzen setzen.

Der Kopfsalat ist kalorienarm. Seine grünen Blätter enthalten wichtige Vitamine und Mineralstoffe. Den erfrischenden Geschmack verdankt er dem Gehalt von Zitronen- und Apfelsäure. Es empfiehlt sich, Kopfsalat erst kurz vor dem Verzehr zu putzen und zu waschen (Salat nie im Wasser liegen lassen), damit nicht zu viele Vitamine verlorengehen.

Kresse – Brunnenkresse, Wasserkresse oder Gartenkresse

Die Brunnenkresse, ein Kreuzblütler, ist in Europa heimisch. Sie wächst wild aber auch in anderen Erdteilen. Schon im frühen Mittelalter wurde die Pflanze für die Küche und für Heilzwecke gesammelt. Erste Kulturen wurden im 14. Jahrhundert in Frankreich in der Picardie und bei Erfurt in Thüringen angelegt. Die Pflanze ist krautig und ausdauernd. In Kulturen wird sie ein- bis zweijährig gezogen.

Der rettichartige, herbe bis pikante Geschmack ist bei der Brunnenkresse am ausgeprägtesten. Die Kresse ist reich an Vitamin C, Karotin, Eisen und Jod. Die Brunnenkresse kann das ganze Jahr geerntet werden. Für ihr Gedeihen braucht sie sauberes, fließendes Quellwasser von einer Temperatur von 8 bis 12 Grad.

Kümmel

Der Kümmel ist der aromatische Samen des zweijährigen Kümmelkrautes. Angepflanzt wird die Kümmelpflanze vorwiegend in den Niederlanden, in Polen und Ägypten. Gehandelt und exportiert wird der Samen ganz, gemahlen, gequetscht und geschrotet.

Seines starken, aromatischen Geschmacks wegen findet er nicht nur Verwendung in der Küche (Fleisch- und Fischgerichte, Backwaren, Suppen, Käse, Salat, Brot usw.), sondern auch bei der Herstellung von Essenzen und alkoholischen Getränken. Kümmel wirkt verdauungsfördernd und hilft bei Blähungen.

Kürbis

Der Kürbis, botanisch gesehen eine Beere, ist in Zentral- und Südamerika beheimatet. Kürbisse faszinieren uns durch Farben, Formen, Oberflächenstruktur und imponieren uns zuweilen durch ihre Größe (ein Kürbis kann ohne weiteres 50 kg wiegen).

Bei uns wird der Kürbis seit gut 40 Jahren für die verschiedensten Zwecke angebaut: als Nahrungsmittel, Tierfutter, Ziergegenstand. Wir kennen unter anderem Garten-, Zier-, Öl-, Riesen- und Speisekürbisse, Rondini, Patisson (auch Bischofs- oder Kaisermütze genannt), Spaghetti-Kürbis (von ihm bekommen wir bei voller Reife vegetarische Spaghetti).

Der Kürbis kann roh gegessen werden. In der Küche läßt er sich pikant, sauer, süß-sauer und süß zubereiten. Die Frucht ist reich an Vitamin B und C sowie Mineralstoffen.

Lauch

Der Lauch gehört in die Familie der Liliengewächse. Er wird auch «Spargel des armen Mannes» genannt. Der Lauch ist eine alteingesessene Kulturpflanze, die im Mittelmeerraum beheimatet ist.

Je nach Sorte kann der Lauch vom Frühsommer bis in den Spätherbst geerntet werden. In der übrigen Zeit ist der Lauch als Lagergemüse erhältlich.

Der Lauch ist reich an Vitamin B und C, Karotin und Mineralstoffen. Er enthält ein schwefelhaltiges ätherisches Öl, das ihn eher schwer verdaulich macht. Empfindliche sollten den Lauch nur in kleinen Mengen essen. Magenempfindlichen ist ganz davon abzuraten.

Paprika – Gemüsepaprika/ Peperoni – Gewürzpaprika/ Peperoncini/Chilischoten

Die Heimat der Paprikaschote ist nicht das Land der Magyaren, sondern Mittel- und Südamerika (Mexiko, Peru). Dort wird er schon seit Jahrtausenden angebaut. Die ältesten Chili-Funde gehen in Peru nahezu 4000 Jahre zurück.

Die zu den Nachtschattengewächsen gehörende Paprikaschote zählt zu den gesündesten Gemüsearten. Sie ist reich an Vitamin C. Wichtige Inhaltsstoffe sind auch Beta-Karotin, Fruchtsäuren, Zucker, B-Vitamine, Vitamin E und Mineralstoffe. Wer die Schärfe liebt,

greift zum Gewürzpaprika, auch Chilischote, Peperoncini oder Spanischer Pfeffer genannt. Bedeutend milder und im ausgereiften Stadium leicht süßlich ist der Gemüsepaprika/Peperoni. Je nach Reifegrad sind die Früchte grün (unreif), gelb, gelbweiß oder rot. Der Gemüsepaprika/Peperoni eignet sich als Gemüse, für Suppen und Salate.

Pilze

Die Pilze sind äußerst kalorienarm, haben sie doch pro 100 g nur 15 bis 25 Kalorien, bei einem Wasseranteil von 90%. Ihr Gehalt an Mineralstoffen und Spurenelementen ist oft höher als bei manchen Gemüsen. Groß ist auch der Vitamin-B-Gehalt.

Rote Bete/Rande

Die rote Bete/Rande ist in den Mittelmeerländern heimisch, wo sie vor etlichen hundert Jahren als Gemüse- und Heilpflanze gezogen wurde. Ihre heute rundliche Form ist noch sehr jung, d. h. kaum hundert Jahre alt.

Die Rande ist ein typisches Herbst- und Wintergemüse, das gekocht und roh angeboten wird. Die Knolle kann als Gemüse, Suppe, Süßspeise und Salat zubereitet werden. Beliebt ist auch der Saft.

Die rote Bete/Rande ist reich an Eisen und Vitaminen.

Sauerampfer

Es gibt zwei Sorten Sauerampfer. Bei uns kennt man hauptsächlich den langblättrigen, lanzettförmigen Sauerampfer. Die Franzosen verwenden in der Küche den Römischen Ampfer, der breitblättrig und im Geschmack etwas milder ist.

Der Sauerampfer gedeiht auf sauren Böden wild (auf Wiesen), kann aber bei entsprechender Bodenqualität auch in Gärten gezogen werden.

Bei der Verwendung in der Küche ist wichtig, daß man nur junge, zarte Blätter verwendet. Mit zunehmendem Alter werden die Blätter scharf. Außer für die Zubereitung von Speisen (Suppe, Pfannkuchen/Omeletten, Spätzle, Gemüse usw.) wird der Sauerampfer auch als Heilpflanze geschätzt. Die Aufgüsse – innerlich und äußerlich angewendet – sind beliebt bei Nieren- und Leberbeschwerden, Furunkeln, eitrigen Wunden usw.

Schwarzwurzel

Als Küchenpflanze wurde die Schwarzwurzel in Frankreich bereits um 1660 verwendet. Zur gleichen Zeit faßte sie auch in der Schweiz und in Deutschland Fuß. Die Schwarzwurzel wird 3 bis 4 cm dick und bis zu 30 cm lang. Sie hat eine lange Wachstumszeit (März bis Spätherbst). Anbauländer sind heute Italien, Ungarn, Rumänien, Slowakei, Rußland, Holland und Belgien.

Die Schwarzwurzel wird auch «Spargel des Winters» oder «Spargel der armen Leute» genannt. Sie ähnelt zwar dem Spargel punkto Aussehen, im Geschmack ist sie aber viel weniger ausgeprägt. Der Vergleich mit den armen Leuten hinkt in unseren Tagen. Die Schwarzwurzel ist heute in den feinsten Lokalen zu Hause und mundet auch verwöhnten Gaumen.

Sellerie – Knollensellerie und Stauden-/Stangensellerie

Der Sellerie ist eine uralte Natur- und Nutzpflanze. Geraume Zeit verging, bis der Knollensellerie kultiviert und in Europa heimisch wurde.

Die würzige Knolle ist ein wichtiges Freilandgemüse, das dank seiner guten Lagerfähigkeit das ganze Jahr erhältlich ist.

Der Knollensellerie ist reich an Vitamin E sowie an Mineralstoffen und ätherischen Ölen.

Nebst dem Knollensellerie gibt es noch den Stauden-/Stangen- und Schnittsellerie. Während den der Schnittsellerie hauptsächlich zum Würzen verwendet wird, eignet sich der Stauden-/Stangensellerie auch als Gemüse, für Salate und Suppen.

Spargel

Ob es nun «der» oder «die» Spargel heißt, darüber ist man sich selbst in Lexika nicht einig. Dem aromatischen Gemüse kann dieser Sprachenzwist jedoch nichts antun, erfreut es sich doch immer größerer Beliebtheit.

Der Spargel ist ein Liliengewächs. Weltweit gedeihen rund 20 verschiedene Sorten. Hier in Europa kennen wir vor allem den grünen und den weißen Spargel. Während der grüne Spargel am Tageslicht wächst, braucht der weiße für sein Gedeihen einen Erdwall, in dem er sich «versteckt» hält. Erst bei Reifezeit durchbricht das Spargelköpfchen die Erde. Je nach Sorte nimmt er einen anderen pastellfarbenen Ton an. Der weiße Spargel ist sehr arbeitsintensiv, wird er doch nicht maschinell geerntet, sondern von Hand gestochen.

Bereits im 16. Jahrhundert entdeckte man den Spargel als Heilmittel bei Magenleiden, als Blut- und Nierenreinigungsmittel und in jüngster Zeit als willkommenes Entschlackungsmittel. Der Spargel ist reich an Faserstoffen (Ballaststoffen), Mineralstoffen und Vitaminen und zudem äußerst kalorienarm (Wasseranteil über 90%). Den typischen Geschmack geben diesem bekömmlichen Gemüse ätherische Öle und basische Bestandteile.

Spinat

Der Spinat gehört in die Familie der Gänsefußgewächse. Wildwachsend findet man ihn vom südlichen Kaukasus bis nach Afghanistan. Kultiviert haben ihn wahrscheinlich als erste die Perser, von wo er im Mittelalter durch Kreuzfahrer über Spanien nach Mitteleuropa gelangte.

Der Spinat ist ein wichtiger Träger von Mineralstoffen, u.a. von Eisen, Vitamin C, Karotin und pflanzlichem Eiweiß. Nieren- und lebergeschwächte Menschen und solche, die an Arthritis und Rheuma leiden, sollten wegen der Oxalsäure auf Spinat verzichten.

Spinat sollte, einmal gepflückt, umgehend verarbeitet werden, da bei Lagerung die wertvollen Inhaltsstoffe rasch verlorengehen.

Spitzkohl

Der Spitzkohl ist vor allem im Elsaß und in der Schwarzwaldregion verbreitet. Er ist ein Frühjahresgemüse. Anstelle des Spitzkohls können auch andere frühe Kohlarten verwendet werden.

Tomate

Die Tomate gehört zur Familie der Nachtschattengewächse. Wir kennen bei uns vor allem vier Sorten:

– die runde Kugeltomate

– die großfruchtige Fleischtomate

– die Cherrytomate, auch Kirschen- oder Cocktailtomate genannt

– die längliche, birnenförmige Peretti-Tomate, besser bekannt unter dem Namen Pelati.

Die ursprünglich wilde, kleinfruchtige Tomate ist in den Tropen, am Fuße der Anden beheimatet. Spanische Eroberer brachten sie nach Europa. Die kleinen Cherrytomaten sollen die alten Peruaner schon im 5. Jahrhundert v. Chr. gekannt haben. Die Pflanze kann als Spalier bis 2 m hoch werden. Die Peretti-Tomate wurde anfangs 19. Jahrhundert in Sizilien feldmäßig angebaut. Die alte Sorte «San Marzano» wächst als dichter Busch. In unseren Breitengraden können diese Früchte nicht voll ausreifen, weshalb man mit Neuzüchtungen Versuche machte. Die neue Hybrid-San Marzano hat sich bewährt und breitet sich seit 1980 stark aus. Die Fleischtomate wird vor allem in Mittelmeerländern im Freien angebaut.

Die Tomate gehört botanisch gesehen zu den Beeren. Sie ist reich an Vitamin B und C, Karotin, Zucker, Mineralstoffen und Spurenelementen.

Topinambur

Der Topinambur ist in Nordamerika beheimatet und gelangte durch Seefahrer nach Europa. Die Knolle breitete sich bis ins 18. Jahrhundert auf unserem Kontinent stark aus, dann aber wurde sie von der Kartoffel verdrängt.

Botanisch gesehen ist der Topinambur ein Verwandter der Sonnenblume. Er kann, im Unterschied zu den Freilandgemüsen, in den Wintermonaten bei frostfreiem Wetter geerntet werden. Vom Aussehen her gleicht er einer Kartoffel, nur daß die Oberfläche nicht so glatt ist. Vom Geschmack her erinnert der Topinambur noch am ehesten an die Artischocke.

Der Topinambur erfreut sich gegenwärtig großer Beliebtheit. Die Knolle kann als Salat, Gemüse oder Suppe zubereitet werden. Topinambur ist reich an Vitamin B und C, Karotin und Eisen. Er enthält, im Gegensatz zur Kartoffel, keine Stärke, sondern Inulin, das auch von Diabetikern vertragen wird.

Zucchino

Der Zucchino, auch Zucchetti, Gurkenkürbis oder Kürbchen genannt, kommt aus der Familie der Kürbisgewächse. Der Zucchino ist eine uralte Kulturpflanze, die bereits einige tausend Jahre v. Chr. in Mexiko angebaut wurde. Seefahrer brachten die Samen nach Südeuropa.

Zucchini können eine Länge von 60 cm und einen Durchmesser von 15 cm erreichen, sie sind aber halbreif (Länge 15 bis 20 cm) am zartesten. Es gibt grüne und gelbe Zucchini. Ihre Blüte, die mit einer Fleisch-, Fisch- oder Gemüsemischung gefüllt werden kann, ist eine Delikatesse.

Zucchini sind ein beliebtes Sommergemüse. Sie sind sehr kalorienarm, reich an Vitamin C, leicht verdaulich und an heißen Tagen besonders begehrt.

Zuckermais

Der Zuckermais stammt aus der Familie der Gräser. Er wird auch Süßmais oder Gemüsemais genannt. In Amerika ist er seit Urzeiten eine wichtige Nutzpflanze. Seit Mitte des 16. Jahrhunderts wird er auch im südlichen Europa und seit dem 17. Jahrhundert auch nördlich der Alpen angepflanzt.

Der Zuckermais enthält nebst Kohlenhydraten und Eiweiß verschiedene Vitamine und Mineralstoffe.

Zuckermais kann vielseitig zubereitet werden: für Suppen und Salate und als Gemüse (gut geeignet für den Grill oder das offene Feuer).

Zwiebeln/Schalotten

Die Zwiebel ist ein Liliengewächs. Ihre Heimat ist der Vordere Orient. Sie ist eine uralte Kulturpflanze. Die Zwiebeln sind bei uns je nach Sorte für kurze Zeit frisch oder als Lagerware das ganze Jahr erhältlich.

Zwiebeln haben einen hohen Kalium- und Magnesiumgehalt. Sie sind reich an Vitamin A und C und haben eine bakterientötende Wirkung. Der typische Zwiebelgeschmack kommt vom Wirkstoff Allicin.

Schalotten sind eine Form der Speisezwiebeln, bei der viele kleine Neben- oder Brutzwiebeln ausgebildet werden. Sie sind kleiner und schmaler als Speisezwiebeln und von besonders feinem Geschmack. Das junge Grün der Schalotten kann vor der Ernte wie Schnittlauch verwendet werden.

FRÜHLING

BÄRLAUCHCREME

- *200 g junger Bärlauch*
- *1 EL kaltgepreßtes Sonnen-blumenöl*
- *1 kleine Zwiebel, fein gehackt*
- *1 Knoblauchzehe, fein gehackt*
- *$1/4$ kleiner Knollensellerie, zerkleinert*
- *1 Möhre/Karotte, zerkleinert*
- *1 Kartoffel, gewürfelt*
- *50 ml/0,5 dl trockener Weißwein*
- *1 l Gemüsebrühe/-bouillon*
- *100 /1 dl Schlagsahne/Rahm*
- *Meersalz*
- *Pfeffer aus der Mühle*
- *1 Prise Cayennepfeffer*

1. Den Bärlauch waschen und die Stiele entfernen. Gut abtropfen lassen.

2. Zwiebeln, Knoblauch und Bärlauch im Sonnenblumenöl anschwitzen. Sellerie, Möhren und Kartoffeln dazugeben und mitanschwitzen. Mit dem Weißwein ablöschen, etwas einköcheln lassen. Die Gemüsebrühe dazugeben, aufkochen und auf kleinem Feuer 15 bis 20 Minuten köcheln lassen, bis das Gemüse gar ist. Die Suppe pürieren.

3. Die Bärlauchcreme aufkochen, die geschlagene Sahne darunterziehen. Abschmecken.

Mögliche Einlagen: In feine Streifen geschnittene Bärlauchblätter über die Suppe streuen – dem Pfannkuchen-/Omelettenteig blanchierte, fein gehackte Bärlauchblätter beigeben. Omeletten dünn ausbacken und in feine Streifen schneiden.

KRESSECREME

- 300 g Brunnenkresse
- *1 EL kaltgepreßtes Sonnen-blumenöl*
- *1 kleine Zwiebel, fein gehackt*
- *1 Knoblauchzehe, fein gehackt*
- *1 Möhre/Karotte, zerkleinert*
- *1/4 kleiner Sellerie, zerkleinert*
- *1 Lauch, in Scheiben*
- *1 Kartoffel, gewürfelt*
- *50 ml/0,5 dl trockener Weißwein*
- *1 l Gemüsebrühe/-bouillon*
- *100 g/1 dl Schlagsahne/Rahm*
- *Meersalz*
- *Pfeffer aus der Mühle*

1. Die Kresse waschen, gut abtropfen lassen.

2. Zwiebeln, Knoblauch und Kresse im Sonnenblumenöl anschwitzen. Möhren, Sellerie, Lauch und Kartoffeln dazugeben und mitanschwitzen. Mit dem Weißwein ablöschen, etwas einköcheln lassen. Die Gemüsebrühe dazugeben. Aufkochen und auf kleinem Feuer 15 bis 20 Minuten köcheln lassen, bis das Gemüse gar ist. Die Suppe pürieren.

3. Die Kressecreme aufkochen, die geschlagene Sahne darunterziehen. Abschmecken.

AROMATISCHE SPARGELCREME

- *1,5 kg weißer Spargel*
- *300 ml/3 dl Gemüsebrühe/-bouillon*
- *1 EL Zitronensaft*
- *50 g/0,5 dl Crème double/Doppelrahm*
- *Meersalz*
- *Pfeffer aus der Mühle*
- *frischer Kerbel*
- *geriebene Muskatnuß*

1. Den Spargel schälen. Pro Person je nach Größe der Stangen 6 bis 10 Spargelspitzen von rund 6 cm Länge abschneiden. Restlichen Spargel in 1 cm lange Stücke schneiden.

2. Kleingeschnittenen Spargel und Spargelspitzen zusammen mit der Gemüsebrühe aufkochen und auf kleinem Feuer garen. Spargelspitzen dem Topf entnehmen und beiseite stellen, sobald sie gar sind und noch Biß haben, restlichen Spargel sehr weich garen. Topfinhalt portionsweise pürieren, dann durch ein Chromstahlsieb streichen.

3. Spargelpüree, Zitronensaft und Crème double aufkochen. Gut würzen. Die Spargelspitzen im Püree erwärmen. Anrichten. Mit den gezupften Kerbelblättchen und einem Hauch Muskatnuß garnieren.

Spitzkohlcreme

- 1 Spitzkohl oder ein Frühkohl
- 1 EL kaltgepreßtes Sonnenblumenöl
- 50 g Schinkenwürfelchen
- $1/4$ kleine Zwiebel, fein gehackt
- 1 Knoblauchzehe
- 50 ml/0,5 dl trockener Weißwein
- $1/2$ l Gemüsebrühe/-bouillon
- $1/2$ l Milch
- 50 g/0,5 dl Schlagsahne/Rahm
- wenig Reibkäse
- Meersalz
- Muskatnuß
- 1 Bund Schnittlauch, fein
  geschnitten

1. Den Spitzkohl halbieren, den Strunk entfernen und die Kohlhälften in die einzelnen Blätter zerlegen. Blätter gut waschen. In dünne Streifen schneiden.

2. Die Schinkenwürfelchen im Sonnenblumenöl anbraten. Spitzkohl, Zwiebeln und durchgepreßten Knoblauch dazugeben und anschwitzen. Wenig Salz darüberstreuen. Mit dem Weißwein ablöschen und der Gemüsebrühe und der Milch auffüllen, aufkochen und auf kleinem Feuer 10 Minuten köcheln lassen. Die geschlagene Sahne und den Käse darunterrühren. Abschmecken. Den Schnittlauch darüberstreuen.

Produkteinfo: Die Milch ist dem feinen Geschmack des Spitzkohls sehr zuträglich, ja verstärkt ihn noch. Anstelle der Milch kann auch Sahne verwendet werden, was zwar sehr gut, aber kalorienreich ist.

Variante: Im Winter kann man diese Suppe auch mit Weißkohl/-kabis machen. Die Garzeit ist etwas länger.

SPARGELCONSOMME

- *800 g weißer Spargel*
- *10 g Butter*
- *1 Msp Zucker*
- *Meersalz*
- *100 ml/1 dl trockener Weißwein*
- *1 l Gemüsebrühe/-bouillon*
- *Saft einer halben Zitrone*
- *Pfeffer aus der Mühle*
- *1 Eiweiß zum Klären der Consommé*

1. Am Vortag: Spargelspitzen auf rund 6 cm kürzen, die Spitzen in ein feuchtes Tuch einschlagen und in den Kühlschrank legen.

2. Die Spargelstangen kappen, schälen und zerkleinern. Die Spargelstücke in der mäßig warmen Butter – sie darf nicht braun werden – anschwitzen. Mit Zucker und wenig Salz würzen und mit dem Weißwein ablöschen. Gemüsebrühe und Zitronensaft dazugeben, aufkochen und rund 30 Minuten auf kleinem Feuer köcheln lassen, bis der Spargel gut weich ist. Den Topfinhalt durch ein Chromstahlsieb oder ein Mulltuch gießen. Erkalten lassen. Die Brühe über Nacht in den Kühlschrank stellen.

3. Spargelspitzen nach Belieben schälen und feinfächerig aufschneiden.

4. Die Spargelbrühe entfetten, indem man die Fettschicht entfernt. Dann die Brühe zusammen mit dem Eiweiß unter ständigem Rühren aufkochen, abschäumen. Den Topf von der Wärmequelle nehmen und eine Stunde stehen lassen. Brühe durch ein Mulltuch gießen.

5. Consommé und Spargelspitzen aufkochen, 10 Minuten köcheln lassen. Anrichten.

SPINATCREME

- 300 g Spinat
- 1 EL kaltgepreßtes Sonnen-blumenöl
- 1 Sträußchen Petersilie, gehackt
- 1/2 kleine Zwiebel, fein gehackt
- 1 Kartoffel, gewürfelt
- 2 Nelken
- 1 Lorbeerblatt
- 50 ml/0,5 dl trockener Weißwein
- 1 l Gemüsebrühe/-bouillon
- 50 g/0,5 dl Schlagsahne/Rahm
- Meersalz
- Pfeffer aus der Mühle

1. Spinat gut waschen, abtropfen lassen.

2. Petersilie, Zwiebeln und Spinat im Sonnenblumenöl anschwitzen. Kartoffeln, Nelken und Lorbeerblatt dazugeben. Mit dem Wein und der Gemüsebrühe ablöschen, aufkochen und auf kleinem Feuer 15 bis 20 Minuten köcheln lassen, bis das Gemüse gar ist. Die Nelken und das Lorbeerblatt entfernen.

3. Die Spinatcreme aufkochen, die geschlagene Sahne darunterziehen. Abschmecken.

Mögliche Einlage: im Dampf gegarte Kartoffelwürfelchen.

KALTE GRÜNE SPARGELCREME

- 1,5 kg mittelfeiner grüner Spargel
- 300 ml/3 dl Gemüsebrühe/-bouillon
- Meersalz
- Pfeffer aus der Mühle
- Saft einer Limette
- 150 g/1,5 dl Schlagsahne/Rahm
- Kerbel, für die Garnitur

1. Unteres Drittel des Spargels schälen. Die Schnittstelle kappen. Einige Spargelspitzen für die Garnitur beiseite stellen. Restlichen Spargel klein schneiden, d. h. in rund 2 cm lange Stücke.

2. Den kleingeschnittenen Spargel und die Gemüsebrühe aufkochen. Auf kleinem Feuer sehr weich garen. Die Spitzen für die Garnitur rund 5 Minuten mitköcheln lassen, dann herausnehmen und beiseite stellen. Den Topfinhalt portionsweise pürieren und durch ein Chromstahlsieb streichen. Abkühlen lassen.

3. Das Spargelpüree würzen und mit Limettensaft abschmecken. Anrichten. Die Sahne steif schlagen, mit einem Eßlöffel Klößchen abstechen und auf dem Spargelpüree anrichten. Mit Kerbel garnieren.

Abbildung
Kalte grüne Spargelcreme

CREME DE PROVENCE

- 100 g frische Gartenkräuter,
  z. B. Oregano, Majoran, Thymian,
  Rosmarin, Salbei, Basilikum,
  Kresse, gehackt, oder
  10 g getrocknete Gartenkräuter

- 1 EL kaltgepreßtes Olivenöl

- 1 Sträußchen Petersilie, gehackt

- 1 kleine Schalotte, fein gehackt

- 1 Knoblauchzehe

- 1 Kartoffel, gewürfelt

- 5 schwarze Pfefferkörner,
  zerdrückt

- 50 ml/0,5 dl trockener Weißwein

- $^1/_2$ l Gemüsebrühe/-bouillon

- 700 ml/7 dl Milch

- 50 g/0,5 dl Sahne/Rahm

- Meersalz

- 1 Bund Schnittlauch, fein
  geschnitten

1. Die frischen Gartenkräuter waschen, gut abtropfen lassen.

2. Kräuter, Schalotten und durchgepreßten Knoblauch im Olivenöl anschwitzen. Kartoffelwürfelchen und zerdrückte Pfefferkörner dazugeben. Mit dem Weißwein ablöschen. Etwas einköcheln lassen. Mit der Gemüsebrühe und mit der Milch auffüllen, aufkochen und auf kleinem Feuer 10 bis 15 Minuten köcheln lassen. Die Suppe pürieren und durch ein Chromstahlsieb streichen.

3. Die Kräutersuppe aufkochen, die geschlagene Sahne darunterziehen. Abschmecken. Den Schnittlauch darüberstreuen.

Mögliche Einlagen: im Dampf gegarte Kartoffelwürfelchen oder frische Tomatenwürfelchen.

KOHLRABI MIT KOHLRABICREME GEFÜLLT

- *8 Kohlrabi*

- *einige junge Kohlrabiblätter, fein geschnitten*

- *1 EL kaltgepreßtes Sonnen-blumenöl*

- *$1/2$ kleine Zwiebel, fein gehackt*

- *1 Knoblauchzehe, fein gehackt*

- *50 ml/0,5 dl trockener Weißwein*

- *1 l Gemüsebrühe/-bouillon*

- *100 g/1 dl Schlagsahne/Rahm*

- *Meersalz*

- *Pfeffer aus der Mühle*

- *Cayennepfeffer, nach Belieben*

- *einige Kohrabiblätter, für die Garnitur*

1. Kohlrabi schälen. Bei 4 schönen Knollen beim Blattansatz Deckel weg-schneiden. Die Kohlrabi mit einem Pariser-Löffel vorsichtig dünnwandig aushöhlen. Die Wand darf nicht ver-letzt werden, da sonst die Suppe aus-läuft. Ausgehöhlte Kohlrabi samt Deckel in wenig Salzwasser oder über Dampf 10 bis 15 Minuten garen. Warm stellen.

2. Die restlichen 4 Kohlrabi klein schneiden.

3. Zwiebeln und Knoblauch im Son-nenblumenöl anschwitzen, ausgehöhl-tes Kohlrabifleisch und kleingeschnit-tene Kohlrabi dazugeben und mitan-schwitzen. Dann mit dem Weißwein ablöschen, etwas einköcheln lassen. Mit der Gemüsebrühe auffüllen, aufko-chen und auf kleinem Feuer rund 20 Minuten köcheln lassen, bis das Gemüse gar ist. Die Suppe pürieren.

4. Kohlrabicreme zusammen mit den Kohlrabiblattstreifen aufkochen. Die geschlagene Sahne darunterziehen. Abschmecken.

5. Warmgestellte Kohlrabi in vorge-wärmte Suppenteller stellen. Mit der Suppe füllen. Den Deckel aufsetzen. Sofort servieren.

KALTE SPINATSUPPE

- 400 g Spinat oder
  300 g Spinat und 100 g Sauerampferblätter
- 20 g Butter
- 1 kleine Zwiebel, fein gehackt
- 1 l Gemüsebrühe/-bouillon
- 2 Eigelb
- 150 g/1,5 dl Schlagsahne/Rahm
- 1 Prise Muskatnuß
- schwarzer Pfeffer aus der Mühle
- Meersalz

1. Spinat und Sauerampfer waschen, gut abtropfen lassen.

2. Zwiebeln und Spinat/Sauerampfer in der Butter anschwitzen und so lange dünsten, bis der Spinat gar ist. Pürieren.

3. Pürierten Spinat und Gemüsebrühe aufkochen, rund 10 Minuten auf kleinem Feuer köcheln lassen. Wenn nötig abschäumen.

4. Eigelb und Sahne in einer Schüssel gut verquirlen. Die Spinatsuppe unter ständigem Rühren mit dem Schneebesen langsam einlaufen lassen. Würzen und erkalten lassen.

Servieren: Nach Belieben einige Tropfen Zitronensaft unter die erkaltete Suppe rühren. Auch ein Tupfer Schlagsahne und fein geschnittener roher Spinat passen als Garnitur.

KOPFSALATCREME

- 300 g grüner Kopfsalat
- 1 EL kaltgepreßtes Sonnenblumenöl
- 1/2 kleine Zwiebel, fein gehackt
- 2 Sträußchen Petersilie, ohne
  Stengel, gehackt
- 50 ml/0,5 dl trockener Weißwein
- 1 l Gemüsebrühe/-bouillon
- 100 g/1 dl Schlagsahne/Rahm
- Meersalz
- Cayennepfeffer

1. Kopfsalat in die einzelnen Blätter zerlegen, waschen und gut abtropfen lassen.

2. Zwiebeln und Petersilie im Sonnenblumenöl anschwitzen. Die Salatblätter dazugeben und mitanschwitzen. Mit dem Weißwein ablöschen, wenig einköcheln lassen. Mit der Gemüsebrühe auffüllen, aufkochen und 10 bis 15 Minuten auf kleinem Feuer köcheln lassen. Die Suppe pürieren.

3. Kopfsalatcreme aufkochen, die geschlagene Sahne darunterziehen. Abschmecken.

*Abbildung
Kopfsalatcreme*

FRÜHLING

BRENNESSELCREME

- *250 g junge Brennesselblätter, mit Handschuhen gepflückt*
- *1 EL kaltgepreßtes Sonnen-blumenöl*
- *1 kleine Zwiebel, fein gehackt*
- *1 Knoblauchzehe, fein gehackt*
- *$1/2$ kleiner Knollensellerie, zerkleinert*
- *1 Möhre/Karotte, zerkleinert*
- *1 große Kartoffel, zerkleinert*
- *50 ml/0,5 dl trockener Weißwein*
- *1 l Gemüsebrühe/-bouillon*
- *100 g/1 dl Schlagsahne/Rahm*
- *Meersalz*
- *Pfeffer aus der Mühle*
- *wenig Cayennepfeffer*

1. Die Brennesselblätter waschen. Gut abtropfen lassen.

2. Zwiebeln, Knoblauch und Brennes-selblätter im Sonnenblumenöl an-schwitzen. Das Gemüse dazugeben und mitanschwitzen. Mit dem Weißwein ablöschen und wenig einköcheln las-sen. Mit der Gemüsebrühe auffüllen. Aufkochen und auf kleinem Feuer 15 bis 20 Minuten köcheln lassen, bis das Gemüse gar ist. Die Suppe pürieren.

3. Brennesselsuppe aufkochen, die geschlagene Sahne darunterziehen. Abschmecken.

SAUERAMPFERCREME

- *150 g junge Sauerampferblätter*
- *1 EL kaltgepreßtes Olivenöl*
- *50 g Schinkenwürfelchen*
- *$1/2$ kleine Zwiebel, fein gehackt*
- *1 Knoblauchzehe*
- *1 Lauch, in Scheiben*
- *$1/4$ kleiner Knollensellerie, zerkleinert*
- *1 Möhre/Karotte, zerkleinert*
- *1 Kartoffel*
- *1 Schuß Sherry, nach Belieben*
- *50 ml/0,5 dl trockener Weißwein*
- *1 l Gemüsebrühe/-bouillon*
- *1 Lorbeerblatt*
- *100 g Mascarpone*
- *Meersalz*
- *Cayennepfeffer*

1. Sauerampfer gut waschen, abtropfen lassen.

2. Sauerampfer zusammen mit den Schinkenwürfelchen im Olivenöl anschwitzen. Zwiebeln, durchgepreßten Knoblauch, Lauch, Sellerie und Möhren dazugeben und mitanschwitzen. Mit dem Sherry, dem Weißwein und der Gemüsebrühe ablöschen. Lorbeerblatt dazugeben. Aufkochen und auf kleinem Feuer 15 bis 20 Minuten köcheln lassen, bis das Gemüse gar ist. Das Lorbeerblatt entfernen. Die Suppe pürieren.

3. Sauerampfersuppe zusammen mit dem Mascarpone unter Rühren aufkochen. Würzen. Wer auf der Suppe ein leichtes Schäumchen wünscht, kann ein wenig geschlagene Sahne unter den Mascarpone ziehen.

SOMMER

TOMATENCREME

- *800 g sonnengereifte Tomaten*
- *1 EL kaltgepreßtes Olivenöl*
- *1 Schalotte oder kleine Zwiebel, fein gehackt*
- *1 Knoblauchzehe*
- *wenig frischer Oregano*
- *1 Prise Zucker*
- *50 ml/0,5 dl fruchtiger Rotwein*
- *800 ml/8 dl Gemüsebrühe/ -bouillon*
- *50 g/0,5 dl Schlagsahne/Rahm*
- *Meersalz*
- *Pfeffer aus der Mühle*

1. Die Tomaten an der Spitze kreuzweise einschneiden. Mit einem Schaumlöffel so lange in kochendes Wasser tauchen, bis sich die Haut zu lösen beginnt. Die Früchte schälen und den Stielansatz kreisförmig herausschneiden. Tomaten vierteln.

2. Die Schalotten und den durchgepreßten Knoblauch im Olivenöl anschwitzen. Tomaten, Oregano und Zucker dazugeben und mitanschwitzen. Mit dem Rotwein ablöschen und wenig einköcheln lassen. Mit der Gemüsebrühe auffüllen, aufkochen und 10 Minuten auf kleinem Feuer köcheln lassen. Die Tomatensuppe pürieren und durch ein Chromstahlsieb streichen.

3. Tomatensuppe aufkochen, die geschlagene Sahne darunterziehen. Abschmecken.

Mögliche Einlagen: kleine im Dampf gegarte Gemüsepaprika-/Peperoniwürfelchen – im Dampf gegarte, geschälte Cherrytomaten – gebratene Tintenfischringe oder andere gebratene Fischstückchen – fein geschnittenes frisches Basilikum

SOMMER

MÖHRENCREME

- *500 g Möhren/Karotten*
- *1 EL kaltgepreßtes Sonnenblumenöl*
- *1 kleine Zwiebel, fein gehackt*
- *1 Knoblauchzehe, fein gehackt*
- *1 Prise Zucker*
- *50 ml/0,5 dl trockener Weißwein*
- *800 ml/8 dl Gemüsebrühe*
- *100 g Schlagsahne/Rahm*
- *Meersalz*
- *Pfeffer aus der Mühle*

1. Erntefrische Möhren nur bürsten, nicht schälen. Lagergemüse schälen. Die Möhren zerkleinern.

2. Zwiebeln und Knoblauch im Sonnenblumenöl anschwitzen. Möhren und Zucker dazugeben und mitanschwitzen. Mit dem Weißwein ablöschen, wenig einköcheln lassen. Mit der Gemüsebrühe ablöschen, aufkochen und auf kleinem Feuer je nach Möhrenqualität 15 bis 25 Minuten köcheln lassen, bis die Möhren gar sind. Die Suppe pürieren.

3. Möhrensuppe aufkochen, die geschlagene Sahne darunterziehen. Abschmecken.

Mögliche Einlagen: im Dampf gegarte Möhrenwürfelchen – feingehacktes, taufrisches Möhrenkraut – auch gebratene Fischstückchen, Krusten- und Schalentiere.

ZUCCHINICREME

- *500 g Zucchini*
- *1 EL kaltgepreßtes Olivenöl*
- *$^1/_2$ Schalotte oder kleine Zwiebel,
  fein gehackt*
- *1 Knoblauchzehe, fein gehackt*
- *100 g gemischtes Gemüse, z. B.
  Möhren/Karotten, Kohlrabi, Knollensellerie, zerkleinert*
- *50 ml/0,5 dl trockener Weißwein*
- *800 ml/8 dl Gemüsebrühe*
- *100 ml/1 dl Milch*
- *50 g/0,5 dl Schlagsahne/Rahm*
- *Meersalz*
- *Pfeffer aus der Mühle*

1. Für die Suppeneinlage von einem Zucchini mit dem Sparschäler Streifen abziehen und diese längs in feinste Streifen schneiden. Zucchini zerkleinern.

2. Schalotten und Knoblauch im Olivenöl anschwitzen. Zucchini und übriges Gemüse dazugeben und mitanschwitzen. Mit dem Weißwein ablöschen, wenig einköcheln lassen. Mit der Gemüsebrühe und der Milch auffüllen, aufkochen und rund 20 Minuten köcheln lassen, bis das Gemüse gar ist. Die Suppe pürieren.

3. Zucchinicreme aufkochen, die geschlagene Sahne darunterziehen. Abschmecken. Zucchinistreifen darüberstreuen.

TOMATENCONSOMME

- *800 g sonnengereifte Tomaten, zerkleinert*
- *1 EL kaltgepreßtes Olivenöl*
- *1 Schalotte, fein gehackt*
- *1 Knoblauchzehe*
- *frischer Oregano*
- *1 Prise Zucker*
- *50 ml/0,5 dl fruchtiger Rotwein*
- *1,2 l Gemüsebrühe/-bouillon*
- *2 Eiweiß zum Klären*
- *Meersalz*
- *Pfeffer aus der Mühle*

1. Schalotten und durchgepreßten Knoblauch im Olivenöl anschwitzen. Die Tomaten dazugeben und mitanschwitzen. Oregano und Zucker darüberstreuen. Mit dem Rotwein ablöschen und etwas einköcheln lassen. Mit der Gemüsebrühe auffüllen, aufkochen und auf kleinem Feuer 20 Minuten köcheln lassen. Den Topfinhalt durch ein Chromstahlsieb oder ein Mulltuch gießen und erkalten lassen. Über Nacht in den Kühlschrank stellen.

2. Die Tomatenbrühe anderntags entfetten, indem man zuerst die Fettschicht entfernt. Dann die Brühe zusammen mit dem Eiweiß unter ständigem Rühren aufkochen, abschäumen. Den Topf von der Wärmequelle nehmen und eine Stunde stehen lassen. Die Tomatenbrühe durch ein Mulltuch gießen. Vor dem Servieren erneut aufkochen, nach Belieben würzen.

Mögliche Einlagen: im Dampf gegarte, geschälte Cherrytomaten – Gemüsepaprika-/Peperoni- oder Tomatenwürfelchen, gebratene Fischstückchen – verlorene Wachteleier – frische Kräuter - feine Nudeln

GURKENKALTSCHALE

- *2 kleine Salatgurken*
- *300 g Joghurt nature*
- *Meersalz*
- *700 ml/7 dl Gemüsebrühe/ -bouillon*
- *1 Bund frischer Dill, fein gehackt*
- *weißer Pfeffer aus der Mühle*
- *100 g/1 dl Schlagsahne/Rahm*

1. Die Gurken waschen. Für die Garnitur mit dem Sparschäler einige Streifen abziehen und diese längs in schnurfeine Streifen schneiden.

2. Die Gurken schälen und längs halbieren. Die Enden kappen. Die Kerne mit einem Löffel herauskratzen und die Gurkenhälften würfeln. Unter den Joghurt rühren. Mit einer Prise Salz würzen. Im Kühlschrank mindestens 4 Stunden marinieren.

3. Die Gemüsebrühe kalt stellen.

4. Die marinierten Gurken samt Joghurt pürieren. Die Gemüsebrühe unter kräftigem Rühren dazugeben. Mit Pfeffer herzhaft würzen. Geschlagene Sahne und Dill darunterrühren.

5. Die Gurkensuppe in Glasschalen anrichten. Mit den Gurkenstreifen garnieren. Bei hohen Temperaturen kann man noch Eiswürfel in die Suppentassen geben.

*Abbildung
Möhrenkrautcreme*

MÖHRENKRAUTCREME

- *400 g Möhren-/Karottenkraut*
- *1 EL kaltgepreßtes Sonnenblumenöl*
- *1 kleine Zwiebel, fein gehackt*
- *1 Knoblauchzehe, fein gehackt*
- *50 ml/0,5 dl trockener Weißwein*
- *800 ml/8 dl Gemüsebrühe/ -bouillon*
- *100 g/1 dl Schlagsahne/Rahm*
- *Meersalz*
- *Pfeffer aus der Mühle*

1. Möhrenkraut gut waschen. Mittelrispe entfernen. Das Kraut gut abtropfen lassen.

2. Zwiebeln und Knoblauch im Sonnenblumenöl anschwitzen. Das Möhrenkraut dazugeben und mitanschwitzen. Mit dem Weißwein ablöschen, wenig einköcheln lassen. Mit der Gemüsebrühe auffüllen, aufkochen und 10 bis 15 Minuten köcheln lassen. Die Suppe pürieren.

3. Möhrenkrautsuppe aufkochen, die geschlagene Sahne darunterziehen. Abschmecken.

Mögliche Einlagen: im Dampf gegarte Möhrenwürfelchen – grob geraspelte rohe Möhren – fein gehacktes Möhrenkraut. Auch gebratene Fischstückchen, Krusten- und Schalentiere harmonieren mit der Möhrenkrautcreme

ZWEIFARBIGE PAPRIKACREME

rote Paprikasuppe

- *200 g roter Gemüsepaprika/Peperoni*
- *1 EL kaltgepreßtes Olivenöl*
- *1–2 cm Gewürzpaprika/Peperoncini, in Ringen*
- *$^1/_2$ Schalotte oder kleine Zwiebel, fein gehackt*
- *$^1/_2$ Knoblauchzehe, fein gehackt*
- *1 kleine Kartoffel, gewürfelt*
- *wenig Oregano und frischer Liebstöckel*
- *1 Lorbeerblatt*
- *$^1/_2$ l Gemüsebrühe*
- *50 ml/0,5 dl fruchtiger Rotwein*

gelbe Paprikasuppe

- *gleiche Zutaten wie rote Suppe, jedoch mit gelbem Gemüsepaprika/Peperoni*
- *Rotwein durch trockenen Weißwein ersetzen*
- *100 g/1 dl Schlagsahne/Rahm*

- *$^1/_2$ grüner Gemüsepaprika/Peperoni, für die Garnitur*

1. Die grüne Paprikahälfte entkernen, den Stielansatz entfernen. Die Frucht schälen und in kleinste Würfelchen schneiden. Paprikawürfelchen im Dampf kurz knackig garen.

2. Rote und gelbe Paprikasuppe getrennt zubereiten.

3. Roten und gelben Paprika halbieren, Stielansatz und Kerne entfernen. Die Fruchthälften in Streifen schneiden.

4. Gewürzpaprika, Schalotten, Knoblauch und Gemüsepaprikastreifen im Olivenöl anschwitzen. Kartoffeln, Oregano und Lorbeerblatt dazugeben. Mit dem Wein ablöschen, wenig einköcheln lassen. Mit der Gemüsebrühe auffüllen. 15 bis 20 Minuten auf kleinem Feuer köcheln lassen. Lorbeerblatt entfernen. Die Paprikasuppe pürieren und durch ein Chromstahlsieb streichen.

5. Die Suppen aufkochen. Je die Hälfte der geschlagenen Sahne darunterziehen.

Anrichten: Die beiden Suppen langsam, gleichmäßig und gleichzeitig sorgfältig in die Suppenteller einlaufen lassen. Mit den grünen Paprikawürfelchen garnieren. Vorsichtig servieren.

KALTE TOMATENSUPPE

- *1 kg sehr reife Tomaten*
- *1 Schalotte, fein gehackt*
- *1 Knoblauchzehe*
- *einige frische Basilikumblätter*
- *200 ml/2 dl Gemüsebrühe/-bouillon*
- *1 EL Tomatenkonzentrat*
- *50 ml/0,5 dl fruchtiger Rotwein*
- *1 Prise Zucker*
- *Ketchup*
- *Worcestersauce*
- *Meersalz*
- *Pfeffer aus der Mühle*

1. Die Tomaten an der Spitze kreuzweise einschneiden. Mit einem Schaumlöffel so lange in kochendes Wasser tauchen, bis sich die Haut zu lösen beginnt. Die Früchte schälen und den Stielansatz kreisförmig herausschneiden. Die Tomaten vierteln und entkernen.

2. Zwiebeln, durchgepreßten Knoblauch und Basilikum zusammen mit der Gemüsebrühe und dem Tomatenkonzentrat pürieren, dann durch ein Chromstahlsieb streichen. Tomaten ebenfalls pürieren und zu den passierten Zutaten geben. Den Rotwein unter die Tomatensuppe rühren. Würzen.

Tip: Sehr dekorativ sieht die kalte Suppe in Glasschalen aus. Besonders fein und würzig wird die Tomatensuppe, wenn der Pfeffer durch wenig frischen Gewürzpaprika/Peperonicini ersetzt wird, den man in feine Ringe schneidet.

Mögliche Einlagen: im Dampf gegarte Gemüsepaprika-/Peperoniwürfelchen, die man vollständig erkalten läßt – frisches Basilikum – gehackte Zitronenmelisse – fein geschnittener Schnittlauch

GEMÜSESUPPE

für 4 Personen als Hauptmahlzeit

- *50 g Pfifferlinge/Eierschwämme*
- *2 EL kaltgepreßtes Olivenöl*
- *2 Möhren/Karotten, gewürfelt*
- *1 Kohlrabi, gewürfelt*
- *¹/₄ Knollensellerie, gewürfelt*
- *1 Lauch, in 2 cm langen Stücken*
- *¹/₂ Blumenkohl, in Röschen zerlegt*
- *1 Schalotte oder kleine Zwiebel, in Scheiben*
- *100 ml/1 dl trockener Weißwein*
- *1,2 l Gemüsebrühe/-bouillon*
- *1 Lorbeerblatt*
- *1 Zucchino, in 1 cm dicken Scheiben*
- *2 frische Pouletbrüstchen*
- *reichlich Petersilie, fein gehackt, oder Schnittlauch, fein geschnitten*

1. Die Pilze mit einem feuchten Tuch abreiben, die Schnittstellen kappen.

2. Möhren, Kohlrabi, Sellerie, Lauch, Blumenkohl und Schalotten im Olivenöl anschwitzen. Mit dem Weißwein ablöschen, wenig einköcheln lassen. Mit der Gemüsebrühe auffüllen, das Lorbeerblatt dazugeben. Aufkochen und auf kleinem Feuer 8 bis 10 Minuten köcheln lassen. Pilze und Zucchini dazugeben, so lange köcheln lassen, bis das Gemüse gar ist, aber noch Biß hat.

3. Die Pouletbrüstchen zuerst in Scheiben, dann in Streifen schneiden. Zur Gemüsesuppe geben. Aufkochen und in der heißen Suppe zugedeckt 5 Minuten ziehen lassen. Die Kräuter dazugeben.

Mögliche Einlage: Das Fleisch durch 1 Portion gekochten Reis ersetzen.

GRÜNE BOHNENCREME

- 400 g grüne Bohnen
- 20 g Speckwürfelchen
- 1 EL kaltgepreßtes Olivenöl
- 2 Schalotten, fein gehackt
- 1 Knoblauchzehe, fein gehackt
- 1 Kartoffel, gewürfelt
- 1 Zweig Bohnenkraut
- 50 ml/0,5 dl Weißwein
- 1 l Gemüsebrühe/-bouillon
- 50 g/0,5 dl Schlagsahne/Rahm
- Meersalz
- Pfeffer aus der Mühle

1. Die Bohnen putzen, je nach Größe zerkleinern.

2. Die Speckwürfelchen im heißen Olivenöl anschwitzen. Zuerst die Zwiebeln und den Knoblauch, dann die Bohnen dazugeben und mitanschwitzen. Die Kartoffeln und das Bohnenkraut darauflegen. Mit dem Weißwein ablöschen, wenig einköcheln lassen. Mit der Gemüsebrühe auffüllen, aufkochen und die Suppe auf kleinem Feuer rund 30 Minuten köcheln lassen, bis die Bohnen gar sind. Das Bohnenkraut entfernen. Die Bohnensuppe pürieren und durch ein Sieb streichen.

3. Bohnencreme aufkochen, die geschlagene Sahne darunterziehen. Abschmecken.

KALTE RAUCHLACHSCREME

für ca. 2 l Suppe
kleine Vorspeise für 8 bis 10 Personen

- 600 g Rauchlachs
- 150 g Thonfilet, beste Qualität
- 80 g Kapern
- 60 g Zwiebeln, fein gehackt
- 100 ml/1 dl trockener Weißwein
- 800 ml/8 dl Gemüsebrühe/-bouillon
- 1/2 l Milch
- wenig Saft einer Limette, zum Abschmecken

1. 150 g Rauchlachs in kleine Würfelchen schneiden und für die Suppeneinlage auf die Seite stellen.

2. Restlichen Rauchlachs in Stücke schneiden und mit den anderen Zutaten (außer der Zitrone) fein pürieren. Durch ein Chromstahlsieb streichen und kühl stellen. Vor dem Servieren mit Limettensaft abschmecken.

3. Rauchlachswürfelchen in Suppentassen/Teller verteilen. Kalte Suppe dazugießen.

Abbildung
Kalte Rauchlachscreme

PETERSILIENSCHAUMCREME

- *150 g Petersilie, Blättchen gezupft*
- *1 EL kaltgepreßtes Sonnen-blumenöl*
- *1 kleine Zwiebel, fein gehackt*
- *1 EL kleingewürfelte Möhren/Karotten, Knollensellerie, Lauch*
- *1 kleine Kartoffel, gewürfelt*
- *50 ml/0,5 dl trockener Weißwein*
- *700 ml/7 dl Gemüsebrühe*
- *200 ml/2 dl Milch*
- *100 g/1 dl Schlagsahne/Rahm*
- *Meersalz*
- *Pfeffer aus der Mühle*

1. Petersilie gut waschen, abtropfen lassen.

2. Die Zwiebeln und das Gemüse im Sonnenblumenöl anschwitzen. Die Petersilie dazugeben und mitanschwitzen. Die Kartoffeln dazugeben. Mit dem Weißwein ablöschen, wenig einköcheln lassen. Mit der Gemüsebrühe und der Milch auffüllen, aufkochen und auf kleinem Feuer 15 bis 20 Minuten köcheln lassen, bis die Kartoffeln gar sind. Die Suppe pürieren.

3. Petersiliensuppe aufkochen, die geschlagene Sahne darunterziehen. Abschmecken.

GURKENSUPPE

- *2 mittelgroße Gemüsegurken/ Nostranogurken*
- *2 EL Butter*
- *1 l Gemüsebrühe/-bouillon*
- *2 TL Mehl*
- *Meersalz*
- *schwarzer Pfeffer aus der Mühle*
- *1 Bund Dill, fein geschnitten*

1. Die Gurken schälen und längs halbieren. Die Enden kappen. Die Kerne mit einem Löffel herauskratzen und die Gurkenhälften klein würfeln.

2. Gurkenwürfelchen in der Butter anschwitzen, bis sie glasig sind. Mit der Gemüsebrühe ablöschen, aufkochen und auf kleinem Feuer rund 3 Minuten köcheln lassen. Das Mehl mit wenig Wasser verrühren, unter die Suppe rühren. 2 bis 3 Minuten köcheln lassen. Kräftig würzen. Mit dem Dill garnieren.

Abbildung Gurkensuppe

BLUMENKOHL- ODER BROKKOLICONSOMME

- *1 kg Blumenkohl oder Brokkoli*
- *1 EL kaltgepreßtes Olivenöl*
- *1 kleine Zwiebel, fein gehackt*
- *50 ml/0,5 dl trockener Weißwein*
- *1 l Gemüsebrühe/-bouillon*
- *2 Eiweiß zum Klären*
- *Meersalz*
- *Cayennepfeffer*

1. Blumenkohl oder Brokkoli zerkleinern und gut waschen. Die oft sehr langen Blütenstände beim Brokkoli oder den Strunk des Blumenkohls ebenfalls verwenden, denn diese haben so viel Aroma wie die Blumen und Röschen.

2. Die Zwiebeln im Sonnenblumenöl anschwitzen. Blumenkohl oder Brokkoli dazugeben und mitanschwitzen. Mit dem Weißwein ablöschen, wenig einköcheln lassen. Mit der Gemüsebrühe auffüllen, aufkochen und auf kleinem Feuer 30 bis 40 Minuten köcheln lassen. Den Topfinhalt durch ein Chromstahlsieb oder ein Mulltuch gießen. Abkühlen lassen. Über Nacht in den Kühlschrank stellen.

3. Die Gemüsebrühe anderntags entfetten, indem man zuerst die Fettschicht entfernt. Dann die Brühe zusammen mit dem Eiweiß unter ständigem Rühren aufkochen, abschäumen. Von der Wärmequelle nehmen und eine Stunde stehen lassen. Consommé durch ein Mulltuch passieren.

4. Consommé vor dem Servieren erneut aufkochen, würzen.

Mögliche Einlagen: Am schönsten und geschmacklich am harmonischsten sind im Dampf gegarte Blumenkohlröschen oder Brokkoliblumen. Gute Einlagen sind auch Muscheln oder Austern, Scampischwänze oder Crevetten.

BLUMENKOHL- ODER BROKKOLICREME

- *500 g Blumenkohl oder Brokkoli*
- *1 EL kaltgepreßtes Olivenöl*
- *1 kleine Zwiebel, fein gehackt*
- *50 ml/0,5 dl trockener Weißwein*
- *1 l Gemüsebrühe/-bouillon*
- *50 g/0,5 dl Schlagsahne/Rahm*
- *Meersalz*
- *Cayennepfeffer*

1. Blumenkohl oder Brokkoli zerkleinern und gut waschen. Die oft sehr langen Blütenstände beim Brokkoli oder den Strunk des Blumenkohls ebenfalls verwenden, denn diese sind so aromatisch wie die Blumen und Röschen. Den Blütenstand des Brokkoli schälen.

2. Die Zwiebeln im Olivenöl anschwitzen. Das Gemüse dazugeben und mitanschwitzen. Mit dem Weißwein ablöschen, wenig einköcheln lassen. Mit der Gemüsebrühe auffüllen, aufkochen und 20 bis 30 Minuten auf kleinem Feuer köcheln lassen, bis das Gemüse gar ist. Die Suppe pürieren.

3. Die Suppe aufkochen, die geschlagene Sahne darunterziehen. Abschmecken.

Tip: Für eine blütenweiße Blumenkohlsuppe halb Milch und halb Gemüsebrühe nehmen.

Mögliche Einlagen: Am schönsten und geschmacklich harmonischsten sind im Dampf gegarte Blumenkohlröschen oder Brokkoliblumen. Diese kann man in der Suppe mitkochen und vor dem Pürieren warm stellen. Gute Einlagen sind zudem Muscheln oder Austern, Scampischwänze und Crevetten.

INDISCHE ERBSENSUPPE

- 300 g frische grüne Erbsen
- 1 EL Butter
- 1 TL Pfeilwurzelmehl
- 50 g geriebene Mandeln
- $1/2$ TL milder Curry
- 700 ml/7 dl Gemüsebrühe/ -bouillon
- 100 g/1 dl Schlagsahne/Rahm
- Meersalz
- Pfeffer aus der Mühle
- Mandelblättchen, leicht geröstet, für die Garnitur

1. Erbsen in der Butter anschwitzen. Pfeilwurzelmehl, Mandeln und Curry zu den Erbsen geben. Mit der Gemüsebrühe ablöschen. Aufkochen und auf kleinem Feuer 8 bis 10 Minuten köcheln lassen. Die Suppe pürieren.

2. Die Erbsensuppe aufkochen, die geschlagene Sahne darunterziehen. Abschmecken. Mit den Mandelblättchen garnieren.

KALTE AVOCADOCREME

- 400 g reife Avocados
- Saft einer Limette
- 2 Bund Basilikum, Blätter gezupft
- 800 ml/8 dl Kefir
- Muskatnuß
- Tabascosauce
- schwarzer Pfeffer aus der Mühle

1. Avocados halbieren und entsteinen. Das Fruchtfleisch mit einem Löffel herauskratzen. Sofort mit dem Limettensaft, dem Basilikum und dem Kefir pürieren. Kräftig würzen.

2. Eiswürfel in die Suppentassen legen und die kalte Suppe darübergießen. Mit einem Basilikumblatt garnieren. Auch eine dünne Zitronenscheibe, auf den Tellerrand gelegt, sieht hübsch aus. Sofort servieren.

Abbildung
Indische Erbsensuppe

MUSCHELSÜPPCHEN

- *200 g Venusmuscheln*
- *10 g Butter*
- *1 EL kaltgepreßtes Olivenöl*
- *100 g gemischtes Gemüse, z. B. Möhren/Karotten, Knollensellerie, Lauch, Zwiebeln, gewürfelt*
- *1 Schuß Sherry*
- *1 l Gemüsebrühe/-bouillon*
- *100 g/1 dl Schlagsahne/Rahm*
- *Safranfäden*

1. Muscheln unter fließendem kaltem Wasser gut reinigen. Um sie auszulösen, werden sie kurz in wenig kochendes Wasser gegeben. Topf so wählen, daß die Muscheln flach ausgebreitet werden können.

2. Je die Hälfte Butter und Olivenöl erhitzen, die Muscheln darin anschwitzen.

3. Die Gemüsewürfelchen in einer zweiten Pfanne im restlichen Olivenöl und in der restlichen Butter anschwitzen, zu den Muscheln geben. Mit dem Sherry ablöschen und der Gemüsebrühe auffüllen, aufkochen und auf kleinem Feuer 10 Minuten köcheln lassen. Nach halber Kochzeit die Hälfte der Sahne dazugeben. Kurz vor dem Servieren die restliche steifgeschlagene Sahne darunterziehen. Erst jetzt würzen, denn die Muscheln können den Salzbedarf bereits gedeckt haben. Die Safranfäden kurz in kaltem Wasser einweichen, über die angerichtete Suppe streuen.

Tip: Wenn man eine leicht dickflüssige Suppe will, verrührt man die Hälfte der Sahne mit einem Eigelb und läßt dieses unter ständigem Rühren in die Suppe einlaufen. Achtung: die Suppe darf nicht mehr aufgekocht werden, sonst wird sie flockig.

Muscheln: Beim Kauf der Muscheln darauf achten, daß die Schalen geschlossen sind. Die Muscheln sollten bis zur Verarbeitung an einem kühlen Ort aufbewahrt werden.

Herbst

PILZCREME

- *500 g Champignons*
- *1 EL kaltgepreßtes Sonnen-blumenöl*
- *20 g Butter*
- *wenig frische Kräuter, z. B. Basilikum, Majoran, Schnittlauch, fein gehackt oder fein geschnitten*
- *50 g Zwiebeln, fein gehackt*
- *1 Knoblauchzehe, fein gehackt*
- *Saft von einer halben Zitrone*
- *50 ml/0,5 dl trockener Weißwein*
- *1 l Gemüsebrühe/-bouillon*
- *100 g/1 dl Schlagsahne/Rahm*
- *1 Schuß Cognac*
- *Meersalz*
- *Pfeffer aus der Mühle*

1. Champignons waschen. Andere Pilzsorten nach Möglichkeit nicht waschen, sondern nur mit einem feuchten Tuch abreiben und wenn nötig mit einem Messer schaben. Die Schnittstellen kappen. Die Pilze feinblättrig schneiden, nur so kann sich das typische Pilzaroma voll entfalten.

2. Die Pilze im heißen Sonnenblumenöl scharf anschwitzen. Die Butter zu den Pilzen geben und so lange dünsten, bis die Flüssigkeit verdunstet ist. Kräuter, Zwiebeln und Knoblauch dazugeben und mitdünsten. Mit dem Zitronensaft und dem Weißwein ablöschen, wenig einköcheln lassen. Mit der Gemüsebrühe auffüllen, aufkochen und auf kleinem Feuer 20 Minuten köcheln lassen. Die Pilzsuppe pürieren.

3. Die Pilzsuppe aufkochen, die geschlagene Sahne darunterziehen. Würzen.

Mögliche Einlage: Feinblätterig geschnittene Pilze oder eine Pilzmischung, die in der Butter braun gebraten wird. Auf einem Tuch gut abtropfen lasen, damit es auf der Suppe keine Fettaugen gibt.

Variante: Anstelle der Champignons können auch Morcheln, Steinpilze, Pfifferlinge/Eierschwämme, Herbsttrompeten oder eine beliebige Pilzmischung verwendet werden. Ein kleiner Trick, um das typische Aroma der Pilze zu verstärken: man mischt sie mit ein paar getrockneten, eingeweichten Pilzen gleicher Sorte. Es gibt keinen besseren Geschmacksträger als getrocknete Pilze.

CONSOMME ODER DOPPELTE KRAFTBRÜHE

Kraftbrühe/Bouillon

- *2 l Wasser*
- *500 g Rinderknochen*
- *$1/4$ Knollensellerie, zerkleinert*
- *1 kleiner Lauch, zerkleinert*
- *1 Möhre/Karotte, zerkleinert*
- *1 Zwiebel samt Schale (gibt eine schöne Farbe)*
- *800 g Suppenfleisch vom Rind*
- *2 Knoblauchzehen, geschält*
- *1 Sträußchen Petersilie*
- *1 Zweig Thymian*
- *Wasser*
- *Meersalz*

Consommé/doppelte Kraftbrühe

- *entfettete Rinderbrühe vom Vortag*
- *200 g rohes Rinderfleisch, gewürfelt oder gehackt*
- *2 Eiweiß zum Klären*
- *100 g Gemüse, z. B. Knollensellerie, Lauch, Möhren/Karotten, klein gewürfelt*

1. Zwiebel halbieren und auf einer mit Alufolie belegten Herdplatte intensiv bräunen.

2. In einem großen Topf die Rinderknochen zusammen mit dem Wasser aufkochen, Schaum abschöpfen. Fleisch, Gemüse und übrige Zutaten dazugeben, aufkochen und würzen. Die Brühe während 90 Minuten auf kleinem Feuer köcheln lassen. Das Fleisch und die Knochen entfernen, den Topfinhalt durch ein Chromstahlsieb oder ein Mulltuch passieren. Die Brühe abkühlen lassen, dann über Nacht in den Kühlschrank stellen.

3. Die Brühe am nächsten Tag entfetten, indem man zuerst die Fettschicht entfernt. Dann die Brühe zusammen mit den übrigen Zutaten unter ständigem Rühren aufkochen. Den Topfinhalt durch ein Mulltuch passieren. Das Endprodukt ist eine feine Consommé/doppelte Kraftbrühe.

Variante: Wenn man Rinderknochen und Rinderfleisch durch Geflügelknochen und Geflügelfleisch ersetzt, erhält man eine Geflügelconsommé.

PILZCONSOMME

- 300 g gemischte Waldpilze, z. B. Steinpilze, Feldchampignons, Pfifferlinge/Eierschwämme, Totentrompeten, Semmelstoppel
- 20 g Butter
- 250 g Gemüse, z.B. Möhren/Karotten, Lauch, Zwiebeln, Knoblauch, wenig Tomate, zerkleinert
- 50 ml/0,5 dl trockener Weißwein
- Saft einer halben Zitrone
- 2 l Gemüsebrühe/-bouillon
- 2 Eiweiß zum Klären
- Meersalz
- Pfeffer aus der Mühle

Einlage
- 100 g gemischte Waldpilze
- 20 g Butter
- 1 Bund Schnittlauch, fein geschnitten

1. Pilze für die Consommé putzen und Schnittstellen kappen. Pilze nach Möglichkeit nicht waschen, sondern nur mit einem feuchten Tuch abreiben und mit dem Messer schaben. In Scheiben schneiden.

2. Die Pilzscheiben in der heißen Butter scharf anschwitzen. Das Gemüse dazugeben und mitanschwitzen. Mit dem Zitronensaft und dem Weißwein ablöschen, wenig einköcheln lassen. Mit der Gemüsebrühe auffüllen, aufkochen und auf kleinem Feuer mindestens 30 Minuten köcheln lassen. Den Topfinhalt durch ein Chromstahlsieb oder ein Mulltuch passieren. Die Brühe erkalten lassen. Über Nacht in den Kühlschrank stellen.

3. Die Brühe anderntags entfetten, indem man zuerst die Fettschicht entfernt. Dann Pilzbrühe und Eiweiß unter Rühren aufkochen, abschäumen. Pilzbrühe durch ein Mulltuch passieren. Das Resultat ist eine klare, entfettete Pilzconsommé.

4. Pilze für die Einlage vorbereiten: siehe Punkt 1. Die Pilzscheiben in der Butter scharf anschwitzen. Auf einem Küchentuch abtropfen lassen.

5. Die gebratenen Pilze in die vorgewärmten Suppenteller verteilen. Die Consommé erhitzen und würzen, dazugießen. Den Schnittlauch darüberstreuen.

(Fortsetzung nächste Seite)

Mögliche Einlagen: Pochierter Fisch – kurzgebratenes Fleisch – Geflügel - in feine Streifen geschnittene Spinatpfannkuchen/-omeletten oder selbstgemachte Ravioli.

Variante: Für die Consommé kann ohne weiteres $1/3$ der Pilzmischung durch Trockenpilze ersetzt werden. Sie sind der beste Geschmacksträger und geben der Consommé zusätzlich Aroma. Selbstverständlich können auch Pilzabschnitte oder eine andere Pilzmischung verwendet werden. Selbstgesammelte Pilze unbedingt dem Pilzkontrolleur zeigen!

SELLERIECREME

- 500 g Knollensellerie, gewürfelt
- 1 EL kaltgepreßtes Sonnenblumenöl
- $1/2$ kleine Zwiebel, fein gehackt
- 1 Knoblauchzehe, fein gehackt
- 1 kleiner Lauch, in feinen Scheiben
- 1 Gewürznelke
- 50 ml/0,5 dl trockener Weißwein
- $1/2$ l Gemüsebrühe/-bouillon
- $1/2$ l Milch
- 50 g/0,5 dl Schlagsahne/Rahm
- Meersalz
- Cayennepfeffer

1. Zwiebeln, Knoblauch und Lauch im Sonnenblumenöl anschwitzen. Den Sellerie und die Gewürznelke dazugeben und mitanschwitzen. Mit dem Weißwein ablöschen, wenig einköcheln lassen. Mit der Gemüsebrühe und der Milch auffüllen, aufkochen und auf kleinem Feuer 20 Minuten köcheln lassen. Die Gewürznelke entfernen. Die Suppe pürieren und durch ein Chromstahlsieb streichen.

2. Selleriecreme aufkochen, die geschlagene Sahne darunterziehen. Abschmecken.

FENCHELCONSOMME

- 6 mittelgroße Fenchel
- 2 Schalotten, fein gehackt
- 1 EL kaltgepreßtes Sonnenblumenöl
- 50 ml/0,5 dl Weißwein
- wenig Pernod oder Ricard
- 1 l Gemüsebrühe/-bouillon
- 1 EL getrocknete Fenchelsamen
- Meersalz
- Pfeffer aus der Mühle
- wenig Cayennepfeffer
- 2 Eiweiß zum Klären

1. Den Fenchel putzen. Frisches grünes Kraut abschneiden und später für die Garnitur verwenden. Fenchel in feine Scheiben schneiden.

2. Die Schalotten im mäßig heißen Sonnenblumenöl anschwitzen. Aufpassen, daß die Schalotten nicht braun werden, da sie das feine Fenchelaroma übertönen würden. Will man ganz sicher sein, gibt man die Schalotten erst später in den Topf und dünstet sie nur kurz mit. Die Fenchelscheiben dazugeben und mitanschwitzen. Mit dem Weißwein und dem Pernod ablöschen, wenig einköcheln lassen. Mit der Gemüsebrühe und den Fenchelsamen aufkochen, 20 Minuten auf kleinem Feuer köcheln lassen. Topfinhalt durch ein Chromstahlsieb oder ein Mulltuch gießen. Abkühlen lassen. Über Nacht in den Kühlschrank stellen.

3. Die Brühe anderntags entfetten, indem man zuerst die Fettschicht entfernt. Dann die Brühe zusammen mit dem Eiweiß unter ständigem Rühren aufkochen, abschäumen. Den Topf von der Wärmequelle nehmen und eine Stunde stehen lassen. Consommé durch ein Mulltuch passieren.

4. Fenchelconsommé aufkochen. Würzen. Feingeschnittenes Fenchelkraut darüberstreuen.

Mögliche Einlagen: in dünne Streifen geschnittene Pfannkuchen/Omeletten. Dem Teig wenig feingehackten Spinat beimischen.

FENCHELCREME

- *4 große Fenchel*
- *2 Schalotten, fein gehackt*
- *1 EL kaltgepreßtes Sonnen-blumenöl*
- *50 ml/0,5 dl trockener Weißwein*
- *1 Schuß Pernod oder Ricard*
- *1 l Gemüsebrühe/-bouillon*
- *ein paar getrocknete Fenchel-samen*
- *100 g/1 dl Schlagsahne/Rahm*
- *Meersalz*
- *Pfeffer aus der Mühle*
- *1 Prise Cayennepfeffer*
- *Fenchelgrün, fein gehackt, für die Garnitur*

1. Den Fenchel putzen, grobfaserige Teile entfernen.

2. Schalotten bei mäßiger Temperatur im Sonnenblumenöl anschwitzen. Aufpassen, daß die Schalotten nicht braun werden, da sie das feine Fenchelaroma übertönen würden. Will man ganz sicher sein, gibt man die Zwiebeln erst später in den Topf und dünstet sie nur kurz mit. Die Fenchelscheiben dazugeben und mitanschwitzen. Mit dem Weißwein und dem Pernod ablöschen, wenig einköcheln lassen. Mit der Gemüsebrühe auffüllen, aufkochen. Die Fenchelsamen dazugeben. Die Fenchelsuppe 20 Minuten auf kleinem Feuer köcheln lassen. Die Suppe pürieren und durch ein Sieb streichen.

3. Die Fenchelcreme aufkochen, die geschlagene Sahne darunterziehen. Abschmecken. Das Fenchelkraut darüberstreuen.

Mögliche Einlage: Rauchlachswürfelchen.

MINESTRONE

- 200 g dicke, ausgelöste weiße Bohnen (Saubohnen)
- 200 g Wirsing/Wirz oder Spitzkohl
- 50 g frische Steinpilze
- 200 g Fleischtomaten
- 300 g Auberginen
- 200 g Zucchini
- 1 Schalotte, fein gehackt
- 1 Knoblauchzehe, fein gehackt
- 2 EL kaltgepreßtes Olivenöl
- 50 ml/0,5 dl trockener Weißwein
- 1$\frac{1}{2}$ l Gemüsebrühe/-bouillon
- 100 g kurze Nudeln/Teigwaren
- Pfeffer aus der Mühle
- Meersalz
- 2 Zweige frisches Basilikum, für die Garnitur

1. Die Bohnen über Nacht in reichlich kaltem Wasser einlegen. Am nächsten Tag das Wasser abgießen. Die Bohnen in frischem Wasser aufsetzen, aufkochen und 30 Minuten köcheln lassen. Abgießen.

2. Das Gemüse putzen. Beim Wirsing die feste Mittelrippe und den Strunk entfernen. Die Bätter quer in 3 cm breite Streifen schneiden.

3. Die Pilze mit einem feuchten Tuch abreiben, die Schnittstellen kappen, in Scheibchen schneiden. Tomaten an der Spitze kreuzweise einschneiden. In einem Schaumlöffel in heißes Wasser tauchen, bis sich die Haut zu lösen beginnt. Die Tomaten schälen, den Stielansatz kreisförmig herausschneiden, die Frucht würfeln. Bei den Auberginen und Zucchini die Enden kappen, die Früchte würfeln.

4. Pilze, Gemüse, Schalotten, Knoblauch und Bohnen im Olivenöl anschwitzen. Mit dem Weißwein ablöschen und der Gemüsebrühe auffüllen, aufkochen und rund 25 Minuten auf kleinem Feuer köcheln lassen. Nun die Nudeln beigeben und so lange köcheln lassen, bis sie al dente sind. Die Suppe würzen. Basilikum in feine Streifen schneiden und über die angerichtete Suppe streuen.

RUSTIKALE LAUCHSUPPE MIT GEBRATENEM BRIES

- 300 g Lauch, in 5 mm dicken Scheiben
- 4 EL Gemüsewürfelchen, z. B. Möhren/Karotten, Knollensellerie, grüner Lauch
- 1 Schalotte, fein gehackt
- 1 EL kaltgepreßtes Olivenöl
- 50 ml/0,5 dl trockener Weißwein
- 1 ½ l Gemüsebrühe/-bouillon
- Meersalz
- Nelkenpfeffer
- 1 EL feingeschnittener Schnittlauch, für die Garnitur

Einlage
- 100 g Kalbsbries/Milken
- 1 EL Butterschmalz/Bratbutter
- 10 g Butter
- Meersalz
- Pfeffer aus der Mühle
- 1 Prise Paprikapulver

1. Kalbsbries unter fließendem kaltem Wasser gut waschen. Mit kaltem Wasser aufsetzen, aufkochen und kurz blanchieren. Das Wasser abgießen. Brie abkühlen lassen, in Scheiben schneiden und trocken tupfen.

2. Schalotten, Lauch und Gemüsewürfelchen im Olivenöl anschwitzen. Mit dem Weißwein ablöschen, wenig einköcheln lassen. Mit der Gemüsebrühe auffüllen, aufkochen und auf kleinem Feuer 10 bis 15 Minuten köcheln lassen, bis das Gemüse gar ist.

3. Briesscheiben im heißen Butterschmalz rundum braten. Würzen. Die frische Butter dazugeben und kurz weiterbraten. Die Briesscheiben mit einem Küchentuch trocken tupfen.

4. Lauchsuppe anrichten. Briesscheiben darauflegen. Mit dem Schnittlauch bestreuen.

Variante: Das Kalbsbries kann durch Schinken- oder Speckwürfelchen ersetzt werden. Für Fischliebhaber in jeden Teller eine gebratene Riesengarnele/-crevette, gedünstete Fischwürfel oder Fischstreifen legen. Sehr rustikal wird die Suppe, wenn als Einlage Wurst und in Butter gebratene Brotwürfelchen verwendet werden.

KLARE LAUCHSUPPE

- *400 g Lauch*

- *150 g gemischtes Gemüse, z. B.
  Möhren/Karotten, Knollensellerie,
  Kartoffeln*

- *1 Schalotte, fein gehackt*

- *wenig Speck- oder Schinken-
  abschnitte*

- *50 ml/0,5 dl trockener Weißwein*

- *1 Nelke*

- *1 Lorbeerblatt*

- *1 l Gemüsebrühe/-bouillon*

- *50 g Speckwürfelchen*

- *wenig Schnittlauch, fein
  geschnitten*

1. Von einer Lauchstange für die Suppeneinlage schräge, zirka 3 cm lange Stücke schneiden. Beiseite legen.

2. Den restlichen Lauch und das gemischte Gemüse klein schneiden.

3. In einer heißen Pfanne die Schinken- oder Speckabschnitte anbraten (das Fett muß auslaufen). Das Gemüse dazugeben und anschwitzen. Mit dem Weißwein ablöschen, wenig einköcheln lassen. Die Gewürze dazugeben. Mit der Gemüsebrühe auffüllen, aufkochen und 20 Minuten auf kleinem Feuer köcheln lassen. Den Topfinhalt durch ein Chromstahlsieb gießen.

4. Die Lauchbrühe zusammen mit der Suppeneinlage aufkochen, 10 Minuten köcheln lassen.

5. Speckwürfelchen im eigenen Fett braten. Zum Abtropfen auf ein Tuch legen.

6. Speckwürfelchen auf die Suppenteller verteilen. Die Suppe dazugeben.

Beilage: getoastetes Brot und Meerrettichschaum.

SELLERIECONSOMME

- *500 g Sellerie, nach Belieben Knollen, Stangen und Blätter*
- *1 Lauch, in Scheiben*
- *1 Zwiebel, gespickt mit Lorbeerblatt und 2 Nelken*
- *1 Möhre/Karotte, zerkleinert*
- *1 Knoblauchzehe, fein gehackt*
- *1 EL kaltgepreßtes Sonnenblumenöl*
- *50 ml/0,5 dl Weißwein*
- *1 l Gemüsebrühe/-bouillon*
- *2 Eiweiß zum Klären*
- *Meersalz*
- *Pfeffer aus der Mühle*

1. Geputzten Sellerie, Selleriestangen und Blattgrün waschen, gut abtropfen lassen und klein schneiden.

2. Sämtliches Gemüse im Sonnenblumenöl anschwitzen. Mit dem Weißwein ablöschen, wenig einköcheln lassen. Mit der Gemüsebrühe auffüllen, aufkochen und auf kleinem Feuer 30 Minuten köcheln lassen. Die Suppe durch ein Chromstahlsieb oder ein Mulltuch passieren. Abkühlen lassen. Die Brühe über Nacht in den Kühlschrank stellen.

3. Die Brühe anderntags entfetten, indem man zuerst die Fettschicht entfernt. Dann die Brühe zusammen mit dem Eiweiß unter ständigem Rühren aufkochen, abschäumen. Den Topf von der Wärmequelle nehmen und die Brühe eine Stunde stehen lassen. Consommé durch ein Mulltuch passieren. Vor dem Servieren noch einmal erhitzen. Nach Belieben würzen.

Einlagen: im Dampf gegarte Selleriewürfelchen oder feingeschnittener Staudenensellerie. Auch feingehackte Sellerieblätter können verwendet werden.

BOUILLABAISSE

für 10 Personen

- *500 g Rotbarsch*
- *500 g Kabeljau*
- *500 g Seebarsch*
- *500 g Weißfischfilets*
- *2 Hummerschwänze*
- *500 g Muscheln*
- *50 ml/0,5 dl kaltgepreßtes Olivenöl*
- *2 kleine Zwiebeln, fein gehackt*
- *2 Knoblauchzehen, fein gehackt*
- *200 ml/2 dl trockener Weißwein*
- *2¹/₂ l Gemüsebrühe/-bouillon*
- *2 EL Tomatenketchup*
- *1 Lorbeerblatt*
- *1 Prise Thymian*
- *einige Fenchelsamen*
- *einige Safranfäden*
- *1 KL abgeriebene Orangenschale*
- *1 KL Meersalz*
- *Pfeffer aus der Mühle*
- *1 Maiskolben*
- *Cherrytomaten*
- *2 Bund Schnittlauch, fein geschnitten*

Beilage

- *Toastbrot*
- *Knoblauchbutter*

1. Bei den größeren Fischen Kopf und Schwanz abschneiden. Fische in 3 bis 4 cm breite Scheiben schneiden. Kleinere Fische ganz lassen. Sämtliche Fische unter fließendem kaltem Wasser waschen. Die Muscheln gut reinigen, Bärte abschneiden, in den Schalen belassen.

2. Den Maiskolben quer halbieren und mit der Schnittfläche auf die Arbeitsfläche stellen. Die Körner mit einem scharfen Messer vom Kolben schneiden.

3. Die großen Fische zusammen mit den Zwiebeln und dem Knoblauch im Olivenöl portionsweise anschwitzen. Mit dem Weißwein ablöschen und der Gemüsebrühe auffüllen. Ketchup und übrige Gewürze dazugeben. Die Suppe aufkochen, auf kleinem Feuer 15 Minuten köcheln lassen. Jetzt Hummer, Muscheln, kleinere Fische, Maiskörner und ganze Tomaten dazugeben. Weitere 10 Minuten köcheln lassen. Die Suppe abschmecken. Schnittlauch dazugeben.

Bouillabaisse: Für eine gute Fischsuppe braucht es sehr viele «Fischzutaten». Es empfiehlt sich deshalb, gleich eine größere Menge zu kochen. Die Fischbrühe kann problemlos eingefroren und mit frischen Fischen ein zweites Mal serviert werden.

MAISCREME

- *4 frische Maiskolben*
- *1 EL kaltgepreßtes Olivenöl*
- *1 Schalotte oder kleine Zwiebel, fein gehackt*
- *1 Knoblauchzehe*
- *50 ml/0,5 dl trockener Weißwein*
- *800 ml/8 dl Gemüsebrühe/ -bouillon*
- *100 ml/1 dl Milch*
- *50 g/0,5 dl Schlagsahne/Rahm*
- *Meersalz*
- *Cayennepfeffer*
- *1 Bund Schnittlauch, fein geschnitten*

1. Maiskörner mit einem scharfen Messer von den Kolben schneiden. Am besten geht dies, wenn man die Kolben quer halbiert und sie mit der Schnittfläche nach unten auf ein Brett stellt. Zirka 8 bis 10 Körner pro Person für die Garnitur auf die Seite legen.

2. Maiskörner, Schalotten und durchgepreßten Knoblauch im Olivenöl anschwitzen. Mit dem Weißwein ablöschen, wenig einköcheln lassen. Mit der Gemüsebrühe und der Milch auffüllen, aufkochen und rund 20 Minuten auf kleinem Feuer köcheln lassen. Die Maissuppe pürieren und durch ein Chromstahlsieb streichen.

3. Die Maiscreme samt Einlage aufkochen. Die geschlagene Sahne darunterziehen. Abschmecken. Den Schnittlauch darüberstreuen.

Mögliche Einlage: In diese feine, hellgelbe Cremesuppe passen gebratene Fischstückchen sehr gut . Das Bratgut auf einem Tuch abtropfen lassen, damit man auf der Suppe keine unschönen Fettaugen bekommt.

WINTER

Zwiebelcreme

- *3 Zwiebeln, geschält, in Scheiben*
- *2 EL Gemüsewürfelchen, z. B. Knollensellerie, Lauch, Möhren/Karotten, Kartoffeln*
- *1 Knoblauchzehe*
- *1 Prise Zucker*
- *1 EL kaltgepreßtes Sonnenblumenöl*
- *50 ml/0,5 dl trockener Weißwein*
- *800 ml/8 dl Gemüsebrühe/ -bouillon*
- *$^1/_2$ l Milch*
- *200 g/2 dl Schlagsahne/Rahm*
- *1 EL geriebener Käse*
- *Meersalz*
- *Pfeffer aus der Mühle*
- *1 Prise Paprikapulver*

Einlage
- *1 Zwiebel, in feinen Scheiben*
- *1 EL Sonnenblumenöl*

1. Für die Einlage die Zwiebelscheiben im Sonnenblumenöl goldbraun braten. Mit Küchenpapier trocken tupfen und warm stellen.

2. Für die Suppe Zwiebelscheiben, Gemüse und Kartoffeln im Sonnenblumenöl anschwitzen. Die Prise Zucker dazugeben. Mit dem Weißwein ablöschen, wenig einköcheln lassen. Mit der Gemüsebrühe und der Milch auffüllen, aufkochen und auf kleinem Feuer 20 Minuten köcheln lassen. Die Suppe pürieren und durch ein Sieb streichen.

3. Die Zwiebelcreme aufkochen, die geschlagene Sahne und den Käse darunterrühren. Abschmecken.

4. Die Zwiebelcreme in Suppentassen oder Suppentellern anrichten. Mit den gebratenen Zwiebeln garnieren.

ZWIEBELCONSOMME

- *300 g Zwiebeln mit roter Schale*
- *100 g Zwiebeln mit brauner Schale*
- *100 g gemischtes Gemüse, z. B. Möhren/Karotten, Lauch, Knollensellerie, klein gewürfelt*
- *1 EL kaltgepreßtes Sonnenblumenöl*
- *50 ml/0,5 dl trockener Weißwein*
- *1 l Gemüsebrühe/-bouillon*
- *2 Eiweiß zum Klären*
- *Meersalz*
- *Pfeffer aus der Mühle*

1. Die braunen Zwiebeln samt Schale halbieren und auf einer mit Folie belegten Herdplatte schwärzen. Die roten Zwiebeln schälen und in Stücke schneiden.

2. Rote Zwiebeln und Gemüsewürfelchen im Olivenöl anschwitzen. Mit dem Weißwein ablöschen, wenig einköcheln lassen. Die geschwärzten Zwiebeln dazugeben. Mit der Gemüsebrühe auffüllen, aufkochen und auf kleinem Feuer 20 Minuten köcheln lassen. Den Topfinhalt durch ein Chromstahlsieb oder ein Mulltuch passieren. Die Brühe erkalten lassen. über Nacht kühl stellen.

3. Die Brühe anderntags entfetten, indem man zuerst die Fettschicht entfernt. Dann die Brühe zusammen mit dem Eiweiß unter ständigem Rühren aufkochen, abschäumen. Den Topf von der Wärmequelle nehmen und eine Stunde stehen lassen. Consommé durch ein Passiertuch gießen.

4. Die Consommé vor dem Servieren aufkochen, abschmecken.

Mögliche Einlagen: Wachteleier – im Dampf gegarte Perlzwiebelchen – gebratene Fischstückchen – Pfannkuchen/Omelettenstreifen – im Dampf gegarte Gemüsewürfelchen – hausgemachte Tortellini oder Ravioli.

GELBERBSCREME

als Hauptgericht für 4 Personen

- 200 g getrocknete gelbe Erbsen
- 1 EL kaltgepreßtes Sonnen- blumenöl
- 30 g Speckwürfelchen
- 2 Schalotten, fein gehackt
- 1 Knoblauchzehe, fein gehackt
- 100 g gemischtes Gemüse, z. B. Möhren/Karotten, Lauch, Knollensellerie
- 1 Lorbeerblatt
- 1 Prise Muskatnuß
- Cayennepfeffer
- Meersalz
- 100 ml/1 dl trockener Weißwein
- 1 l Gemüsebrühe/-bouillon
- 100 ml/1 dl Milch
- 50 g/0,5 dl Schlagsahne/Rahm
- Meersalz
- Pfeffer aus der Mühle

Einlage

- 1 Lauch, in 3 cm langen Stücken
- 1 Möhre/Karotte, in Scheiben
- 1 Handvoll frische oder tiefgekühl- te zarte grüne Erbsen
- 1 Bund Schnittlauch, fein geschnitten

- Würstchen, je nach Hunger und Vorliebe, Wienerli, Frankfurterli usw.
- in Butter gebratene Brotwürfel- chen

1. Gelbe Erbsen über Nacht in kaltem Wasser einlegen. Das Einweichwasser am nächsten Tag weggießen.

2. Die Speckwürfelchen im Sonnen- blumenöl anschwitzen. Schalotten, Knoblauch, Gemüse und gelbe Erbsen dazugeben und mitanschwitzen. Die Gewürze dazugeben. Mit dem Weiß- wein ablöschen, wenig einköcheln las- sen. Mit der Gemüsebrühe und der Milch auffüllen, aufkochen und 30 bis 40 Minuten auf kleinem Feuer köcheln lassen. Das Lorbeerblatt entfernen. Die Suppe pürieren.

3. In einer separaten Pfanne das Gemüse für die Einlage im Dampf biß- fest garen.

4. Die Würstchen in der Gelberbssuppe erwärmen. Die geschlagene Sahne dar- unterziehen. Abschmecken.

5. Das Gemüse in vorgewärmte Teller verteilen. Würstchen und Suppe dazu- geben. Schnittlauch und Brotwürfel- chen darüberstreuen.

RUSTIKALE LINSENSUPPE

- 150 g rote Linsen
- 1 EL kaltgepreßtes Olivenöl
- 2 EL Gemüsewürfelchen, z. B. Möhren/Karotten, Lauch, Knollensellerie
- 100 g Kochspeck oder Schinken, gewürfelt
- 1 kleine Zwiebel, fein gehackt
- 1 Knoblauchzehe, fein gehackt
- 300 g Kartoffeln
- 50 ml/0,5 dl trockener Weißwein
- 1 l Gemüsebrühe/-bouillon
- Meersalz
- Pfeffer aus der Mühle
- 1 Prise Paprikapulver

1. Gemüse, Speck, Zwiebeln und durchgepreßten Knoblauch im Olivenöl anschwitzen. Die Kartoffeln dazugeben. Mit dem Weißwein ablöschen und der Gemüsebrühe auffüllen, aufkochen und auf kleinem Feuer rund 15 Minuten köcheln lassen, bis die Kartoffeln und die Linsen gar sind. Würzen.

SAUERKRAUTCREME

- 400 g rohes Sauerkraut, nach Möglichkeit ungewürzt
- 1 Schalotte, fein gehackt
- 1 Knoblauchzehe, fein gehackt
- 1 EL kaltgepreßtes Sonnenblumenöl
- 1 Kartoffel, gewürfelt
- 1 l Gemüsebrühe/-bouillon
- 50 g/0,5 dl Schlagsahne/Rahm
- Pfeffer aus der Mühle
- Meersalz

1. Das Sauerkraut grob hacken. In einem Sieb abtropfen lassen.

2. Schalotten und Knoblauch im Sonnenblumenöl anschwitzen. Das Sauerkraut dazugeben und mitanschwitzen. Die Kartoffeln dazugeben. Mit der Gemüsebrühe ablöschen, aufkochen und auf kleinem Feuer 30 Minuten köcheln lassen. Die Suppe pürieren und durch ein Sieb streichen.

3. Sauerkrautcreme aufkochen, die geschlagene Sahne darunterziehen. Die Suppe abschmecken

Mögliche Einlagen: Geräucherte Schinkenwürfelchen – Würstchen – im Dampf gegarte Kartoffelwürfelchen – Spinatspätzle oder wenig Kümmel

Abbildung
Rustikale Linsensuppe

WINTER

ROGGENSCHROTSUPPE

- 80 g Roggen, grob geschrotet
- 20 g Butterschmalz/Bratbutter
- 50 ml/0,5 dl trockener Weißwein
- 1 l Gemüsebrühe/-bouillon
- einige Korianderkörner
- 100 g gemischtes Gemüse, z. B. Möhren/Karotten, Lauch, Zwiebeln, klein gewürfelt
- 50 g/0,5 dl Schlagsahne/Rahm
- Meersalz
- Pfeffer aus der Mühle
- Petersilie, fein gehackt

1. Roggenschrot im Butterschmalz anschwitzen. Mit dem Weißwein ablöschen und der Gemüsebrühe auffüllen. Den Koriander dazugeben. Die Suppe aufkochen und auf kleinem Feuer 15 Minuten köcheln lassen. Das Gemüse dazugeben und weitere 5 Minuten köcheln lassen. Koriander entfernen. Die geschlagene Sahne unter die Suppe ziehen. Die Suppe abschmecken. Die Petersilie darüberstreuen.

*Abbildung
Basler Mehlsuppe*

BASLER MEHLSUPPE

- 60 g Mehl
- 30 g Butterschmalz/Bratbutter
- 1 Schalotte, fein gehackt
- 1 Knoblauchzehe, fein gehackt
- 50 ml/0,5 dl fruchtiger Rotwein
- 1 l Gemüsebrühe/-bouillon
- Meersalz
- Pfeffer aus der Mühle
- 1 Kalbsfuß oder Kalbsknochen
- geriebener Käse

1. Kalbsknochen oder Kalbsfuß unter fließendem Wasser reinigen.

2. Butterschmalz in einer Gußeisenpfanne erhitzen und das Mehl darin goldbraun rösten. Schalotten und Knoblauch dazugeben. Das geröstete Mehl unter ständigem Rühren vorsichtig mit dem Rotwein ablöschen, nach und nach die Gemüsebrühe darunterrühren. Es darf keine Mehlklümpchen geben. Mit Salz und Pfeffer würzen. Kalbsfuß oder Kalbsknochen dazugeben. Während einer Stunde auf kleinem Feuer köcheln lassen. Knochen entfernen. Die Suppe nach Belieben abschmecken. Mit geriebenem Käse servieren.

Mehlsuppe: Alte Köche erzählen, daß eine richtige Basler Mehlsuppe eine ganze Nacht leise köcheln müsse, damit sie wirklich gut sei.

LINSENCREME

- *200 g rote Linsen*
- *30 g Speck- oder Schinken-schwarte*
- *100 g Gemüse, z. B. Möhren/ Karotten, Lauch, Knollensellerie, klein geschnitten*
- *1 kleine Kartoffel, gewürfelt*
- *2 Schalotten, fein gehackt*
- *1 Knoblauchzehe, fein gehackt*
- *1 Lorbeerblatt*
- *50 ml/0,5 dl trockener Weißwein*
- *1 l Gemüsebrühe/-bouillon*
- *100 ml/1 dl Milch*
- *50 g/0,5 dl Schlagsahne/Rahm*
- *Meersalz*
- *Pfeffer aus der Mühle*

Einlage
- *100 g Speckwürfelchen*
- *150 g Brotwürfelchen*
- *20 g Butter*
- *wenig Schnittlauch, fein geschnitten*

1. Kochtopf ohne Fettstoff stark erhitzen und die Schwarte beidseitig anbraten. Linsen, Gemüse, Kartoffeln, Schalotten, Knoblauch und Lorbeerblatt dazugeben und anschwitzen. Mit dem Weißwein ablöschen, mit der Gemüsebrühe und der Milch auffüllen, aufkochen und rund 30 Minuten auf kleinem Feuer köcheln lassen. Das Lorbeerblatt und die Speckschwarte entfernen. Die Linsensuppe pürieren.

2. Für die Einlage die Speckwürfelchen ohne Fettstoff knusprig braten, auf einem Küchentuch abtropfen lassen. Überschüssiges Fett weggießen. In der gleichen Pfanne die Brotwürfelchen in der Butter goldgelb braten. Auf dem Küchentuch abtropfen lassen.

3. Brotwürfelchen und Speckwürfelchen in die Suppenteller verteilen. Die Linsencreme aufkochen, die geschlagene Sahne darunterziehen. Die Suppe abschmecken und anrichten. Den Schnittlauch darüberstreuen.

FEDERKOHLCREME

- *300 g Federkohl*
- *1 EL kaltgepreßtes Olivenöl*
- *1 EL Haferflocken*
- *50 g Schinkenwürfelchen*
- *1 kleine Zwiebel, fein gehackt*
- *2 Knoblauchzehen, fein gehackt*
- *50 ml/0,5 dl trockener Weißwein*
- *1 l Gemüsebrühe/-bouillon*
- *200 ml/2 dl Milch*
- *100 g/1 dl Schlagsahne/Rahm*
- *Pfeffer aus der Mühle*
- *Meersalz*

Einlage

- *4 schöne Federkohlblätter*
- *1 TL kaltgepreßtes Olivenöl*
- *10 g Butter*
- *1 EL Meersalz*

1. Federkohl gut waschen und abtropfen lassen.

2. Für die Einlage die Federkohlblätter im nicht zu heißen Olivenöl anschwitzen. Mit viel Wasser ablöschen und auffüllen. Butter und Meersalz dazugeben. Aufkochen und auf kleinem Feuer ziehen lassen, bis die Blätter gar sind.

3. Für die Suppe Federkohlblätter, Haferflocken, Schinkenwürfelchen, Zwiebeln und Knoblauch im heißen Olivenöl anschwitzen. Mit dem Weißwein ablöschen, wenig einköcheln lassen. Mit der Gemüsebrühe und der Milch auffüllen, aufkochen und auf kleinem Feuer 20 Minuten köcheln lassen. Die Suppe im Mixer pürieren und durch ein Sieb streichen.

4. Die Federkohlcreme aufkochen. Die geschlagene Sahne darunterziehen. Die Suppe abschmecken.

5. Federkohlblätter in vorgewärmte Suppenteller legen. Die Suppe dazugießen.

KASTANIENCREME MIT MAJORAN

- 700 g frische Kastanien
- 1 l Gemüsebrühe/-bouillon
- 150 g/1,5 dl Schlagsahne/Rahm
- frischer Majoran, fein gehackt
- 1 TL Gelbwurz/Kurkuma, für die Farbe
- Meersalz
- Pfeffer aus der Mühle

1. Die Kastanien mit einem spitzen Küchenmesser rundum einkerben. Die Früchte in kochendes Wasser geben. Nicht zu viele Früchte aufs Mal, damit das Wasser nicht zu stark abkühlt und damit man die Kastanien innert kurzer Zeit möglichst heiß schälen kann. Kastanien 3 bis 6 Minuten kochen. Keinesfalls länger als 6 Minuten, da sie sonst zu weich werden. Die Kastanien am besten mit Handschuhen schälen.

2. Die geschälten Kastanien in der Gemüsebrühe weich kochen, rund 10 Minuten. Pürieren.

3. Kastaniensuppe zusammen mit der Sahne und dem Majoran aufkochen. Würzen. Die Suppe anrichten. Mit einem Klecks steifgeschlagener Sahne garnieren.

ROTE-BETE-CREME

- 400 g rote Beten/Randen, geschält, zerkleinert
- 1 EL kaltgepreßtes Sonnenblumenöl
- 100 g gemischtes Gemüse, z. B. Möhren/Karotten, Lauch, Knollensellerie, klein geschnitten
- 1 Schalotte, fein gehackt
- 1 Knoblauchzehe, fein gehackt
- 50 ml/0,5 dl fruchtiger Rotwein
- 1 Lorbeerblatt
- 800 ml/8 dl Gemüsebrühe/ -bouillon
- 50 g/0,5 dl Schlagsahne/Rahm
- Meersalz
- Pfeffer aus der Mühle

1. Rote Beten im Sonnenblumenöl anschwitzen. Gemüse, Schalotten und Knoblauch dazugeben und mitanschwitzen. Mit dem Rotwein ablöschen, wenig einköcheln lassen. Das Lorbeerblatt dazugeben. Mit der Gemüsebrühe auffüllen, aufkochen und auf kleinem Feuer gut 30 Minuten köcheln lassen. Lorbeerblatt entfernen. Rote-Bete-Suppe pürieren.

2. Rote-Bete-Suppe aufkochen. Die geschlagene Sahne darunterziehen. Abschmecken.

Abbildung
Kastaniencreme mit Majoran

WINTER

BROTSUPPE

- 300 g altbackenes Brot
- 1 EL kaltgepreßtes Sonnenblumenöl
- 20 g Butter
- 100 g gemischtes Gemüse, z.B. Möhren/Karotten, Lauch, Knollensellerie, klein geschnitten
- 1 Schalotte, fein gehackt
- 1 Knoblauchzehe, fein gehackt
- 4 Petersilienstengel
- 50 ml/0,5 dl trockener Weißwein
- 1$^{1}/_{2}$ l Gemüsebrühe/-bouillon
- 1 Nelke
- 1 Lorbeerblatt
- 50 g/0,5 dl Schlagsahne/Rahm
- Meersalz
- Pfeffer aus der Mühle
- 50 g geriebener Käse

1. Das trockene Brot in Stücke brechen.

2. Das Sonnenblumenöl und die Butter erhitzen. Das Brot darin rösten. Gemüse, Schalotten, Knoblauch und Petersilienstengel zum Brot geben und anschwitzen. Mit dem Weißwein ablöschen, wenig einköcheln lassen. Mit der Gemüsebrühe auffüllen, aufkochen. Die Gewürze dazugeben. Die Suppe auf kleinem Feuer 30 Minuten köcheln lassen. Nelke und Lorbeerblatt entfernen. Die Suppe pürieren.

3. Brotsuppe aufkochen, die Sahne darunterziehen. Abschmecken.

4. Die Suppe in vorgewärmten Tellern anrichten. Mit dem Käse bestreuen.

Mögliche Einlagen: fritierte Zwiebelringe – Würstchen – geräuchertes Fleisch.

WINTER

TOPINAMBURCREME

- 400 g Topinambur
- 1 EL kaltgepreßtes Sonnen-blumenöl
- 100 g gemischtes Gemüse, z.B. Möhren/Karotten, Lauch, klein geschnitten
- 4 Petersilienstengel
- 1 Schalotte, fein gehackt
- 1 Knoblauchzehe, fein gehackt
- 50 ml/0,5 dl trockener Weißwein
- 1$^1/_2$ l Gemüsebrühe/-bouillon
- 50 g/0,5 dl Schlagsahne/Rahm
- 1 Prise Muskatnuß
- Meersalz

1. Topinambur schälen und zerkleinern. Sofort verarbeiten oder in kaltes Wasser legen, da sie sich rasch dunkel verfärben.

2. Petersilienstengel, Schalotten und Knoblauch im Sonnenblumenöl anschwitzen. Den Topinambur dazugeben und mitanschwitzen. Mit dem Weißwein ablöschen, wenig einköcheln lassen. Mit der Gemüsebrühe auffüllen, aufkochen und 20 Minuten auf kleinem Feuer köcheln lassen. Die Suppe pürieren und durch ein Sieb streichen.

3. Topinambursuppe aufkochen, die geschlagene Sahne darunterziehen. Abschmecken.

GERSTENSUPPE

- 125 g Graupen/Rollgerste
- 50 g Bündner Fleisch oder anderes Trockenfleisch, klein gewürfelt
- 1 EL kaltgepreßtes Sonnen-blumenöl
- 50 ml/0,5 dl trockener Weißwein
- 150 g Gemüse, z. B. Knollensellerie, Lauch, Möhren/Karotten, klein gewürfelt
- 1 Sproß Stauden-/Stangensellerie, in feinen Scheiben
- 1 l Gemüsebrühe/-bouillon
- Meersalz
- Pfeffer aus der Mühle
- 1 Sträußchen Petersilie, fein gehackt

1. Gerste über Nacht in kaltem Wasser einweichen. Das Wasser am nächsten Tag weggießen.

2. Gerste und Trockenfleisch im Sonnenblumenöl anschwitzen. Mit dem Weißwein ablöschen, wenig einköcheln lassen. Mit der Gemüsebrühe auffüllen. Gemüsewürfelchen und Staudensellerie dazugeben. Die Suppe aufkochen und rund 30 Minuten auf kleinem Feuer köcheln lassen. Die Suppe nach Belieben abschmecken. Die Petersilie dazugeben.

KÜRBISCREME

- *400 g Kürbisfleisch, am besten Muscade de Provence oder Potimarron, gewürfelt*
- *1 EL Butter*
- *¹/₂ kleine Zwiebel, fein gehackt*
- *je 50 g Möhren/Karotten und Knollensellerie, klein gewürfelt*
- *50 ml/0,5 dl trockener Weißwein*
- *1 l Gemüsebrühe/-bouillon*
- *50 g/0,5 dl Schlagsahne/Rahm*
- *Meersalz*
- *Cayennepfeffer*
- *wenig saure Sahne/Sauerrahm*
- *Kerbel oder Dill, fein gehackt*

1. Die Zwiebeln in der Butter anschwitzen. Kürbis, Möhren und Sellerie dazugeben und mitanschwitzen. Mit dem Weißwein aböschen, wenig einköcheln lassen. Mit der Gemüsebrühe auffüllen, aufkochen und 20 Minuten auf kleinem Feuer köcheln lassen. Die Suppe pürieren.

2. Die Kürbissuppe zusammen mit der Sahne und den Kräutern aufkochen. Würzen. Die Suppe anrichten. Mit einem Klecks saurer Sahne garnieren.

Mögliche Einlagen: Anstelle der sauren Sahne kann die Suppe auch mit gerösteten Sonnenblumen-, Kürbis- oder Pinienkernen garniert werden.

Variante: Bei kleinen Kürbissen kann die Schale zum Servieren der Suppe verwendet werden. Man höhlt den halbierten Kürbis sorgfältig aus und verwendet das Fleisch für die Suppe. In diesem Fall die Suppe nicht pürieren, da sie etwas rustikal sein darf. Speziell und sehr fein ist die Einlage von leicht erwärmten Chasselas-Trauben (Gutedel).

KÜMMELCREME

- *2 EL Kümmelsamen*
- *1 EL kaltgepreßtes Sonnenblumenöl*
- *1 Schalotte, fein gehackt*
- *1 Knoblauchzehe, fein gehackt*
- *300 g Kartoffeln, klein gewürfelt*
- *1 Lorbeerblatt*
- *50 ml/0,5 dl trockener Weißwein*
- *1 l Gemüsebrühe/-bouillon*
- *50 g/0,5 dl Schlagsahne/Rahm*
- *Meersalz*
- *Pfeffer aus der Mühle*

Einlage

- *50 g Greyerzer Käse, klein
  gewürfelt*
- *1 Bund Schnittlauch, fein
  geschnitten*

1. Den Kümmel im Sonnenblumenöl anschwitzen. Schalotten und Knoblauch dazugeben und mitanschwitzen. Die Kartoffeln und das Lorbeerblatt dazugeben. Mit dem Weißwein ablöschen, wenig einköcheln lassen. Mit der Gemüsebrühe auffüllen, aufkochen und 20 bis 25 Minuten auf kleinem Feuer köcheln lassen. Das Lorbeerblatt entfernen. Die Suppe pürieren und durch ein Sieb streichen.

2. Die Kümmelsuppe aufkochen, die geschlagene Sahne darunterziehen. Abschmecken. Die Suppe anrichten, Käsewürfelchen und Schnittlauch darüberstreuen.

Mögliche Einlagen: Würstchen – geräuchertes Fleisch – im Dampf gegarte Kartoffelwürfelchen.

ANHANG

DIE AUTORIN

Josy Nussbaumer-Schaub wuchs in Basel auf. Die gelernte Kindergärtnerin hätte sich in jungen Jahren nie vorstellen können, einmal berufsmäßig am Kochherd zu stehen. Nach ihrer Heirat mit Kurt Nussbaumer vom Restaurant Nussbaumer in der Vorderen Klus, Aesch (Baselland), hat sie dann aber doch die Kinderstube mit dem Kochlöffel vertauscht. Sie wurde Köchin eines Traditionsbetriebes, inmitten von Weinbergen, die aus der Zeit der alten Römer stammen.

Was Josy Nussbaumer anpackt, tut sie mit Leib und Seele. Halbheiten sind ihr fremd. In kurzer Zeit wurde aus dem ländlichen Gasthaus ein Restaurant feinster Art. Die Cuisine du Marché stand ihr immer sehr nahe. Was sie nicht autodidaktisch erlernen konnte, eignete sie sich in verschiedenen Kursen an.

Ihre Grundsätze sind: auf den Tisch kommt nur, was frisch ist, den Jahreszeiten entsprechend, dabei möglichst viel aus der Umgebung, direkt vom Produzenten oder vom Markt.